大学生になったら
知っておきたい

法律との
付き合い方

自分で考え 自分で守る
トラブル解決・
リスク回避の教科書

天川 勝志
　　　　　著
本井 克樹

はじめに－必ず読んでください－

　このテキストは、トラブルから身を守り、トラブルに巻き込まれても被害を最小限度に食い止め、学生生活を快適かつ安全に過ごしてもらうために執筆されたものです。

　大学生ともなれば、アルバイト、部・サークル活動、ボランティアなど、課外活動の機会も確実に増えていきます。さらに、留学、海外旅行などを考えている人もいるでしょう。こうした経験は将来のキャリア形成にとっても大変貴重なものとなります。高等学校までとは異なり、活動範囲も広がり、多くの人と接点をもつことになります。それに伴って、いままでになかった危険やリスクと遭遇することもあります。そうしたとき、どう考え、どのような判断をすればよいかを学んでおく必要があります。

　中学・高等学校の社会・公民等の科目にて、近代ヨーロッパでは主権の担い手が国王から国民へと移っていく過程を学んだことと思います。そして、「法の支配（法に基づく政治）」は、権利者によって自由が奪われることのない重要な原則として定着していきました。立憲主義などともいい、議会で制定される法律とは別に、最高法規として憲法が存在し、法律や政治はそれに基づいていなければならないという考え方が広がっていきました。

　日本でも、明治時代の自由民権運動でさまざまな憲法案が提案されるなか、1889（明治 22）年、大日本帝国憲法（明治憲法）が発布されました。この憲法では国家の統治権は天皇にあり、軍隊の指揮権など天皇の絶大な権限が定められていました。国民は「臣民」と呼ばれ、所有権、信教の自由、言論や著作・印刷の自由などの権利が保障されるようになったものの、それらは治安や秩序維持を妨げない、臣民としての義務に反しない、法律の定める範囲内など、さまざまな制約がありました。

　しかし、第二次世界大戦に敗北した日本は、連合国軍総司令部（GHQ）から、民主主義を基本とする憲法案が提示され、これに基づく改正案が議決され、明治憲法の改正というかたちで、日本国憲法が制定され、1946（昭和 21）年に公布されました。この新憲法は、基本的人権の尊重、国民主権、平和主義という 3 つの基本原理から成り立っています。

　現在、幸いにも日本国内では大きな政治的混乱、テロや紛争などがありませんから、こうした立憲主義国家で暮らしている有難みを感じる機会はあまりないかもしれません。しかし、わたしたちの暮らしは、憲法や法律によって守られているのです。

　そのほか、国民の義務として、勤労、教育（子どもに教育を受けさせる）、納税が義務づけられていることも学んだことと思います。皆さんも 3 年生になると、本格的な就職活動がスタートすると思いますが、大学を卒業後、就職し、給与のなかから納税することも、この憲法に規定されている義務を果たすことになるわけです。つまり、就職することも憲法の規定に沿った行動なのです。そのほか、日常生活でも、スーパーやコンビニでお弁当を購入することは売買契約ですし、わたしたちがファミリーレストランでアルバイト

II

をすることは労働契約です。

　しかし、わたしたちは、こうした契約の成立をあまり意識することなく、必要な商品を購入したり、アルバイトをしています。確かに何もトラブルがなければ、法律の存在をあまり意識する必要もありません。しかし、何か約束と異なることが生じれば、法律に則り、解決していかなければなりません。「時間給が約束と違っていた」「残業手当が出ない」「ネットで注文した商品が届かない」などの事態が生じたら、皆さんはどのような行動をとったらいいのでしょうか。こうしたことは、中学・高等学校での社会科でも必ずしも十分に学んでこなかったと思います。つまり、法律やルールは学んでも、具体的なトラブル対処法について学ぶ機会はあまりなかったわけです。

　さて、まずは次の設問について、○か×で解答してみてください。

---

①□アルバイトに行く途中、駅の階段で滑って捻挫をしてしまった。職場内でのケガではないから、労災の認定は受けられない。

②□成人年齢が引き下げられたから、18歳になれば、飲酒は合法である。

③□アルバイトの面接で、親の職業を尋ねられたが、アルバイトであっても、雇用されるわけだから、当然の質問だと思う。

④□18歳になったので、結婚したいが、親の同意は必要である。

⑤□同性の結婚も一定の要件を満たせば法的に認められるようになった。

⑥□自転車には、道路交通法などの適用はいまのところない。

⑦□高齢ドライバーの危険運転、交通事故が相次いだことを受け、80歳での免許返納を義務づけるようになった。

⑧□親の介護は子どもの義務である。

　8つの問題に取り組んでもらいましたが、いかがでしたか。⑧以外はいずれも正解は「×」です（民法では直系血族及び兄弟姉妹の相互扶養義務を規定しています）。こうしたことを知らないと、不利益を被ったり、損をすることがあります。たとえば、アルバイトに行く途中での捻挫のケースです。これは労災の認定が受けられますから、原則として病院での治療費はかかりません。しかし、そのためには職場への申請が必要です。職場のスタッフが常に親切に労災の申請法を教えてくれるとは限りません。つまり、知っているか、知らないかで損をすることがあるわけです。

　ところで、皆さんは「消費者基本法」という法律をご存ですか。この法律の前身は1968（昭和43）年に制定された「消費者保護基本法」です。この法律は、消費者の「保護」を通じて消費者の利益の擁護及び増進を確保することを基本理念として制定されました。しかし、消費者保護基本法の制定以降、更なる経済成長、広範な分野にわたる規制改革の推進、IT化や国際化の進展等により消費者を取り巻く環境は著しい変化を遂げ、このような変化の中で、消費者政策の基本的な考え方や施策の内容を抜本的に見直し、21

世紀にふさわしい消費者政策として再構築することが不可欠であるとの認識の下、2004（平成16）年、「消費者基本法」が施行されました。この法律の第7条には、わたしたち消費者に関することも規定されています。「消費者は、自ら進んで、その消費生活に関して、必要な知識を修得し、及び必要な情報を収集する等自主的かつ合理的に行動するよう努めなければならない。」というものです。つまり、わたしたちにも、努力義務ではあるものの、「必要な知識の修得」「必要な情報収集」を求められているわけです。そして、こうした学びの機会を通して、消費者としてより賢くなるよう、はたらきかけられています。このような規定からも、このテキストによる学びの必要性・重要性を感じ取ってもらえると思います。

　自分で危険を察知したり、トラブルを最小限度で抑えられる、賢い消費者になるため、本テキストを活用していってください。

1. 本書の構成

　このテキストは、2つのPARTから編成されています。詳細は次のとおりですが、およその目安として、大学入学以降、遭遇しそうなことを時系列で2つのPARTに分けてみました。

区分	目的	各章の構成
第1部 入学から1・2年生までに遭遇しそうな危険・トラブル	入学時から低学年にて生じやすいリスク回避、トラブル対策を学ぶ	Chapter 1：法律を学ぶ意義を考える Chapter 2：大学生の法律的立場を理解する Chapter 3：学内でのトラブルへの対処 Chapter 4：アルバイトの労働条件 Chapter 5：消費者トラブルから身を守る
第2部 就職活動から卒業までに遭遇しそうな危険・トラブル	大学生活にも慣れた頃から卒業までに生じやすいリスク回避、トラブル対策を学ぶ	Chapter 6：就職活動に備える Chapter 7：大人としての自覚をもって行動する Chapter 8：結婚・恋愛するとき Chapter 9：海外旅行におけるトラブル対策 Chapter 10：多様性と法律

　まず、第1部では、入学して間もない時期に遭遇しそうなことから学んでいきます。この時期は大学に入学した喜びからもっとも気が緩んでいる時期で、いっそうの注意が必要です。

　第2部では、就職活動でのトラブルのほか、事故、異性とのトラブルなどを学びます。ここは大学以外での関わりも多くなり、外部の関係者とのトラブルが増えてくるところです。

2. テキストの特長

　さて、このテキストには、前述のようなリスク、トラブルに対処するため、次のような

IV

5つの特長があります。

①実務経験豊かな弁護士及び学生の実態にも精通した教員による協同執筆

わたしたち執筆者は専門家集団です。全体のカリキュラム編成にあたっては、学生の実態を把握している天川が担当し、皆さんが遭遇しそうなトラブル、リスク等を洗い出し、法務に精通した本井弁護士が監修しています。

②学生時代に遭遇する可能性の高いテーマをカリキュラム化

これまでの授業での学生の皆さんのトラブル体験、個別相談にて対応したトラブルのうち、比較的頻度の高い内容もカリキュラムに反映しました。したがって、いまは大丈夫でも、皆さんも遭遇する可能性の高いものが含まれています。

③学びの意義を認識し自己課題の発見に努める

各Chapterとも、第1節では、「なぜ学ぶのか」といった学びの意義を考えてもらいます。各Chapter冒頭での演習を通して、学びの必要性を認知してもらったうえで、それぞれの学習に取り組んでもらいます。「なぜ、その章を学ばなければならないのか」という学びの意義をそれぞれのChapter冒頭でしっかりと理解したうえで読み進めていってください。

④学習転移を意識した豊富な演習

学習転移とは簡単にいえば、学んだことを活用、実践することです。大人の学習、企業研修等であれば当然のことなのですが、大学にいると、確かに学びの活用がしにくいところもあります。そのため、40以上の演習を通して、疑似的にせよ考え経験を積み、活用できるスキルとなるよう、配慮しています。経験したことは座学での学びよりも忘れにくいといわれています。可能な限り演習にチャレンジしてみてください。そして、この学びを生かし、リスク回避、トラブル対応に努めてください。また、Chapterによってはクイズも用意されていますので、楽しみながら必要なことを覚えていきましょう。

なお、大学等での授業用テキストであれば、担当教員からの解説もあるでしょうが、独学で進める場合にも、必ず各自で演習に取り組み、解答のうえ計画的に進めていってください。演習のあとの解説を読んでいくと、必ずヒントか解答がありますから、独学でも変わらぬ学習効果があります。

⑤学習後もトラブル対策に使えるテキスト

テキストは書き込み式になっています。演習での解答を書き込んでいきましょう。そのほか、気づいたこと、疑問、調べることなどに関しても、ノートや余白を使って整理してください。最後まで学習が終わると、あなたのトラブル対策、リスク回避ノウハウ集になります。また、各Chapterの最後には「リスク回避、トラブル解決のためのノウハウ」もあります。これらは、トラブル等に遭遇したとき、大いに役立つものです。

3. 学習にあたってのお願い

高い学習成果をあげてもらうため、いくつかのお願いがあります。

①学びの意義と振り返りを大切にする

繰り返しになりますが、それぞれの Chapter では、まず学びの意義を確認します。どうか面倒だなんて思わず、なぜこの学びが必要か、必要性、有用性の理解に努めてください。「この学びはどのような場面で使えるか」ということを考えてほしいのです。そして、振り返りです。学んだら、各 Chapter ごとに、定期的に振り返りを行ってください。テキストを読み、演習に取り組んだだけでは、十分な成果は期待できません。学びを活用したり、再考し言語化してこそ、成長実感を得られるものです。振り返りの習慣をつけてください。

学びの意義 〉 学習・演習 〉 活用・実践 〉 振り返り 〉

②演習では設問文を丁寧に読む

あえて演習を行うということは、その学びが重要だからです。演習では設問文を丁寧に読み、取り組んでください。条件等を漏らしてしまうと、期待される演習の成果を得られなくなってしまいます。**正確かつ丁寧な読解**をお願いいたします。

③表現する、ことばにする

自分の思っていることをそのまま心の中に止めているのと、表現するのとでは意味が違います。ことばに表出することによる新たな気づきが必ずあります。面倒くさがることなく、必ずことばにしたり、書き込んでいってください。

4. 修得してほしいこと

それぞれの Chapter ごと、冒頭に学びの到達目標が設定されています。Chapter ごとの学習にあたっては、まずこの到達目標を学びのゴールと捉え、取り組んでください。また、全体を通して、修得してほしいことは次の 3 点です。

---

①**危険察知能力の向上**：「いつもと違う」「常識とかけ離れている」など、自分自身の経験知をもとにトラブル、リスク等を察知することができる

②**最適解を見つける**：トラブル、事件・事故に巻き込まれても、最適な解決策を提示することができる

③**立ち止まって考えられる**：「おかしい」「あやしい」ということを察知したら、いったん保留にして、調べたり考えることができる

これら 3 点を意識しながら、取り組んでください。

さて、大学を卒業されると、皆さんを待ち構えているのは、「**選択**」です。コロンビア大学ビジネススクール教授のシーナ・アイエンガー先生は、「選択」という行為を科学的に探究されています。ご自身がインドで厳格なシーク教徒の家庭に生まれ、幼少期はあまり選択する余地のない生活をおくっていたそうです。そして、アメリカに移り住み、「選択」こそ力の源泉であると学ばれたそうです（詳しくは、シーナ・アイエンガー著/櫻井祐子訳（2014）『選択の科学』文藝春秋）。また、フランスの哲学者ジャン＝ポール・サルトルは、「人間は自由の刑に処せられている」と述べています。自由とは自分自身があらゆる行動の意味を自分で決めなければならず、孤独と責任を伴う。だからこそ人間に大きな不安を与えるものであると説明しています。18歳となれば自由とともに、責任も引き受けなければなりません。その意味でも、法律、ルールの理解は不可欠です。

　いま、わたしたちは、日常生活においても多様な選択が可能です。アルバイト先で嫌なことがあったとしましょう。辞めても、同様の仕事・条件の勤務先をそれほど苦労せず見つけることができると思います。こうしたとき、皆さんには、「辞める選択」と「続ける選択」という2通りの選択肢が用意されるわけです。どちらを選ぶかは皆さんの自由です。ここでお伝えしたいことは、どちらがいいとか、わるいということではありません。その嫌なこと、トラブルを客観視して、今後のことを考えてほしいということです。一般的にトラブルは嫌なことです。誰だって回避したいものです。しかし、生きて協働している以上、それを0（ゼロ）にすることは不可能です。トラブルから学ぶこともあります。そして、それは皆さんの成長にも貢献します。トラブル回避とともに、トラブルに直面したとき、それを客観視できる冷静さ、そして強い精神力も養ってください。

　本テキストにより、上手にトラブルから回避できるようになるとともに、トラブルに遭遇した際には、それを客観視し最適解を見つけられる。こうしてトラブル耐性を強くして、楽しく生き抜く一助となれば、わたしたち執筆者として、これほど有難いことはありません。

　なお、執筆にあたり、税金に関わる部分については、春田税務会計事務所春田祐輔様に監修を依頼しました。また、同友館出版部部長佐藤文彦様には、企画・編集の段階から、内容、構成のほか、演習の学習効果などを踏まえたレイアウトなどに関しても、さまざまなアドバイスをいただきました。この場をお借りして心より御礼申しあげます。

執筆者一同

※）なお、「規程」と「規定」が混在していましたが、「規程」は個々の組織等のルールなどを表し、「規定」は法令上の条文を指します。
※）本テキストでは、法律の制定年などに関して、西暦を原則としますが、時代の流れを理解してもらいたいところでは、西暦、元号双方で表記します。

Contents

はじめに ……………………………………………………………………… I

第1部
入学から1・2年生までに遭遇しそうな危険・トラブル

| Chapter 1 | 法律を学ぶ意義を考える
自分の身は自分で守る | 2 |

1 学びのためのウォーミングアップ …………………………………………… 3
2 法律の定義と役割 …………………………………………………………… 4
3 身近な法律、ルールを考えてみる ………………………………………… 5
4 自分でリスクを管理する …………………………………………………… 7
5 より豊かに、公正な社会になるために …………………………………… 9
6 どこまで平等を実現できるか ……………………………………………… 11
7 法律との付き合い方 ………………………………………………………… 15

| Chapter 2 | 大学生の法律的立場を理解する
「18歳」「20歳」になるということ | 18 |

1 学びのためのウォーミングアップ …………………………………………… 18
2 18歳成年制度によって変わるもの・変わらないもの ………………… 19
3 あなたは大人か ……………………………………………………………… 21
4 大人として知っておきたい基本的な法律知識 ………………………… 23
5 選挙権を行使する …………………………………………………………… 24
6 私事と自己決定 ……………………………………………………………… 26
7 表現の自由 …………………………………………………………………… 28

| Chapter 3 | 学内でのトラブルへの対処
身近なトラブルにどのように対処するか | 30 |

1 学びのためのウォーミングアップ …………………………………………… 30
2 トラブルを振り返る ………………………………………………………… 33

VIII

3	SNS によるトラブル ……………………………………………………………… 35
4	ネット依存 ……………………………………………………………………… 38
5	キャンパス・ハラスメントへの対処 ………………………………………… 39
6	学習・探究活動でのトラブル ………………………………………………… 40
7	あなたが加害者になることも ………………………………………………… 42
8	違法薬物 ………………………………………………………………………… 43

Chapter 4 | アルバイトの労働条件
注意すべきチェックポイントを押さえる 46

1	学びのためのウォーミングアップ …………………………………………… 47
2	アルバイトを始める際のチェックポイント ………………………………… 47
3	こんなときどうする − ケースで学ぶトラブル対応 − …………………… 52
4	労働者としての義務 …………………………………………………………… 57
5	闇バイト ………………………………………………………………………… 58
6	カスタマーハラスメント ……………………………………………………… 59

Chapter 5 | 消費者トラブルから身を守る
どうすれば回避できるか 63

1	学びのためのウォーミングアップ …………………………………………… 63
2	生きることは契約すること …………………………………………………… 64
3	暮らしとお金 …………………………………………………………………… 68
4	部屋を借りる …………………………………………………………………… 72

第2部
就職活動から卒業までに遭遇しそうな危険・トラブル

Chapter 6 | 就職活動に備える
法律を理解したうえで就職活動に臨む 77

1	学びのためのウォーミングアップ …………………………………………… 79
2	女性の働き方を考える ………………………………………………………… 80
3	「ホワイト企業」の見分け方 ………………………………………………… 85
4	就職活動において知っておきたい法律 ……………………………………… 87

5 インターシップ（就業体験）での留意点 ……………………………………………… 95

Chapter 7 | 大人としての自覚をもって行動する
大人として、ルール、法律を順守する　　98

1 学びのためのウォーミングアップ …………………………………………………… 99
2 迷惑行為 ……………………………………………………………………………… 100
3 アルコールの強要 …………………………………………………………………… 103
4 自動車事故 …………………………………………………………………………… 104
5 正しい自転車運転とは ……………………………………………………………… 111
6 交通事故にあわないためには ……………………………………………………… 114

Chapter 8 | 結婚・恋愛するとき
これだけは知っておきたい法律　　117

1 学びのためのウォーミングアップ …………………………………………………… 118
2 婚姻の成立要件 ……………………………………………………………………… 118
3 夫婦に関する法律 …………………………………………………………………… 120
4 子どもが生まれたら ………………………………………………………………… 121
5 婚姻の解消 …………………………………………………………………………… 122
6 同性婚 ………………………………………………………………………………… 123
7 恋人からのDV ……………………………………………………………………… 124
8 ストーカー行為 ……………………………………………………………………… 125

Chapter 9 | 海外渡航におけるトラブル対策
「日本とは違う」ということを理解する　　133

1 学びのためのウォーミングアップ …………………………………………………… 133
2 出入国に関する法律 ………………………………………………………………… 134
3 安全のための基礎知識 ……………………………………………………………… 135
4 渡航前、及び出入国の留意点 ……………………………………………………… 137
5 よくあるトラブルから学ぶ ………………………………………………………… 141

Chapter 10 | 多様性と法律
多様性から生じる課題とどう向き合うか ……………… 145

1 学びのためのウォーミングアップ ……………………………… 145
2 多様性から生じる課題 ……………………………………………… 146
3 多様性に関する話し合いにあたっての留意点 …………………… 148
4 違いを乗り越える ………………………………………………… 150
5 多様な価値観を受け入れられるか ……………………………… 151
6 多様性を認めることができる存在になる ……………………… 153
7 リスク、トラブルとの関連性 …………………………………… 156

第1部

入学から1・2年生までに遭遇しそうな危険・トラブル

Chapter 1

法律を学ぶ意義を考える
自分の身は自分で守る

　「法律」というと皆さんはどのような法律名を思い浮かべますか。社会科の授業で学んだ憲法、ニュースなどで事件報道があったときに取りあげられる証券取引法、少年法、男女雇用機会均等法などを思い浮かべた人もいるでしょう。いずれにしても、法律を専門的に学んでいない限り、ニュースなどで見た法律が浮かんできたことと思います。現在、日本には2,000を超える法律が制定されています。そのほか、法律ではありませんが、内閣の制定する政令、内閣総理大臣が内閣府の長として発する府省令、地方自治体が独自に制定する条例などもあります。つまり、わたしたちの暮らしは、こうした法律等によって行動が規制されたり、守られてもいるわけです。自由といえども、法律の規定する制約があるのです。

　皆さんの所属する大学にも、「学則」があると思います。学則では、学部等の組織に関すること、成績評価、入学・退学に関すること、授業料、入学金に関することなどが、それぞれの大学において定められています。こうした規則、規程類を普段から見る機会はあまりありません。何かあったとき、はじめて読むものでしょう。しかし、何か起きる前に読んでおけば、万一トラブルに見舞われたときにも、スムーズに対処できます。すべての法律について理解する必要はありません。しかし、皆さんが遭遇しそうなことに関しては、関連法規の理解が必要です。

この章の到達目標

- □日本にはどのような法律があるのかを理解する。また、国家の最高法規たる憲法の役割を理解する。
- □法律はわたしたちの暮らしのなかで、どのような役割を果たしているかを考えることができる。
- □不安、危険等を予知したら、自ら調べるなどして、「自分の身は自分で身を守る」という意識、習慣を身に付ける。

知っておきたい関連法規

- 憲法13条（個人の尊重と公共の福祉）、14条（法の下の平等）、19条（思想及び良心の自由）、21条（表現の自由）

1 学びのためのウォーミングアップ

　わたしたちは、さまざまな社会集団・組織に所属しています。大学生になると、所属する集団・組織の数も増えていきます。大学のほか、アルバイト先、部・サークルなど、規模の大小を問わず、複数の集団・組織に所属していると思います。そのなかでは、それぞれルールや約束事を作り、その集団・組織の運営をしているはずです。学校、スポーツにもルールがあります。こうしたきまりを予め定めておくことで、トラブルを未然に防いだり、トラブルが発生したときに、問題を円滑に解決できるようにしているわけです。

　それでは、皆さんはどれくらいの法律を知っていますか。知る限りの法律名をあげてみましょう。

演習1 知っている法律名をあげてみる

　何か事件があると、「証券取引法違反の罪で起訴」「詐欺未遂の容疑で逮捕」などと報道されますから、そうした報道を思い浮かべながら取り組んだ人もいるでしょう。

　本 Chapter 冒頭でも述べたとおり、日本では 2,000 を超える法律が制定されています。ここで、法律などの定義を示しておきます（図表 1-1 参照）。

　2,000 以上の法律を覚えることは不可能です。また、これらの法律をすべて覚える必要もありません。法務省のホームページより、「法務省所管の法律」を開くと、あいうえお順に法律が掲載されています。これらを見ていくと、それぞれの仕事に携わる専門家だけ

図表 1-1　法令の種別

法令種別	内容
憲法	国の最高法規で制定、改正のルールなども法律とは異なる。
法律	日本国憲法の定める方式に従い、国会の議決を経て、「法律」として制定される。国会の両議院で過半数の同意を得られれば制定される。
政令	憲法・法律を実施するために制定されるルール（憲法 73 条 6 号）。命令のなかで最上位にあるルールで、法律から委任された事項について、委任の範囲において定めることができる。政令には、法律の委任がない限り、罰則や、国民の権利を制限し、又は国民の義務を課するルールを定めることはできない。一般的に「施行令」と名付けられる。
府省令	各省大臣が担当する行政事務について、法律・命令を施行するため、又は法律・政令の委任に基づいて定めるルール（国家行政組織法 12 条）。政令と同じく、法律の委任がない限り、罰則や、国民の権利を制限し、又は国民に義務を課するルールを定めることはできない。一般的に「施行規則」と名付けられる。
条例	地方自治体によって制定される法のことをいう。条例は法律より下位の法形式であるため、条例は法律の範囲内で制定しなければならない。

が把握していればいいという法律がたくさんあります。そのため、このテキストでも、学生、社会人として覚えておいてほしい法律・条文は取りあげていますが、それ以外はあえて取りあげていません。そして、法律を覚えること以上に、トラブル等に巻き込まれないよう、あやしいと思う感度、そのときの対処法を学んでほしいと願っています。

　ここで、憲法について述べておきます。国の最高法規ですから、理解を深めておきましょう。憲法は、一言で述べると、**「国民の権利・自由を守るために、国がやってはいけないこと（またはやるべきこと）について国民が定めた決まり（最高法規）」**といえます。たとえば、国民の表現の自由を守るため、憲法21条は「集会、結社及び言論、出版その他一切の表現の自由は、これを保障する。」と定めて、国に対し、国民の表現活動を侵してはならないと縛りをかけています。これが基本的人権の保障です。このように、国民が制定した憲法によって国家権力を制限し、人権保障をはかることを**「立憲主義」**といい、憲法についての最も基本的で大切な考え方です。

　そして、国民の権利・自由を守るため国に縛りをかけるという役割をもっている憲法が、簡単に変えられてその縛りが緩められてしまうようでは困りますから、通常、立憲主義の国では、憲法を変えるには、普通の法律を変えるときより厳しい手続が必要とされています。

　法律というと、わたしたちが守らなくてはいけないもの、そして違反すると処罰されることもあるもの、という怖いイメージがあるかもしれません。憲法はそのような法律とは違って、わたしたちの権利・自由を守るためにあるのです。法律の多くはわたしたちの行動を縛ります。しかし、**憲法はわたしたちの権利・自由を守り、国を縛るためのものなのです。**法律と憲法とでは、向いている方向が逆と考えるとわかりやすいでしょう。普段憲法に守られていると意識することはあまりないでしょう。しかし、国家によりわたしたちの自由が奪われることのないよう見守ってくれているのです。

2 法律の定義と役割

　さて、皆さんが小学生に、「ねえ、どうして法律ってあるの？」と尋ねられたら、どのように答えますか。小学生くらいの弟妹がいる人は、その子たちのことを思い浮かべながら考えてみましょう。

演習2 法律の役割をわかりやすく小学生に伝える

なんとなくわかっていることでも、小学生を納得させる説明を求められると難しいと思います。本質を理解していないと、短いことばで簡潔に説明できないからです。「ルールを決めておき全員でそれを守りトラブルを防ぐため」「よくないことは知っておき、全員で守るようにするため」などといえそうです。

整理すると、次のようになります。

法律とは、わたしたち一人ひとりが、お互いの個性を認め合い、協力し合いながら生きていくためのルールである。
わたしたちの権利を守り、わたしたちが守らなければならないことを明らかにすることによって、誰もがそのルールの範囲内で自由に活動することができて、生活をより豊かにすることができる。

わたしたちは、複数の組織に所属していることがほとんどです。そして、組織には通常複数の人が存在します。人間は社会的存在であるなどといわれますが、お互いに助け合いながら生きているわけです。しかし、それぞれの考え方、生きる目的などはさまざまです。そうなると、お互いが自分の主張をしていくこととなります。ここに対立が生まれます。だからこそ、予めルールを決めておき、それに基づいた対処を考えることができるわけです。

3 身近な法律、ルールを考えてみる

それではさらに法律について考えてみましょう。朝起きてから大学に着くまでに、どれだけの法律、規則、ルールに縛られているでしょうか。

演習3 大学に着くまでに守るべきルール、法律

ルール	法律

ごみの収集にも自治体ごとにごみの分別法、収集日等に関するルールがあります。また

大学での時限等は学則により定められています。学期末テストでの評価も学則、シラバスによって決められています。電車・バスの公共交通機関を利用するにも、整列乗車、左（右）側通行、エスカレーターでの歩行禁止などがあります。自転車を使って最寄駅まで行くなら、道路交通法も守らなければなりません。このように、法律、ルールなどを守ることで、それぞれの組織や地域・場所の秩序を保っているわけです。皆が勝手に歩いたり、エスカレーターで走ったりすれば、衝突事故も増えてしまいます。衝突してもお互いにけがもなければ幸いですが、どちらか一方が転倒し障がいが残るような大けがを負えば、被害者と加害者となり、お互いの人生も急変してしまいます。被害者は行動が制約され、希望の仕事に就けなくなるかもしれません。一方、加害者も過失の責任を問われ、場合によっては、数千万円にも及ぶ損害賠償を支払っていかなければなりません。

　道路交通法が改正され、2024年11月から自転車運転中にスマートフォン等を使用する「ながら運転」（「ながらスマホ」）の罰則が強化され、また、「自転車の酒気帯び運転」が新たに罰則の対象となりました。自転車の酒気帯び運転に関しては、運転をした本人はもちろん、酒気帯び運転をするおそれがある者に対し酒類を提供した者等、酒気帯び運転をほう助した者にも罰則が科されます。自転車は免許証も要らないですし、比較的気軽に利用できますが、道路交通法上は、「軽車両」扱いです。したがって、道路交通法を順守する義務があります。法律はこのように絶えず社会の変化に対応するかたちで、改正、創設されていきます。

　さて、いま皆さんの日常生活のなかで、新たにルールや法律が必要だと考える場面はありますか。あるいは、より快適に暮らしやすくするため、法改正、法律の創設が求められる事態はありますか。また、そのルールや法律を制定したときの効果も考えてみましょう。

演習4　新たに制定、改正すべきルールや法律とその理由・背景、効果

項目	説明
ルール・法律名	
理由・背景	
制定、改正の効果	

さて、現状の問題・課題を、どのようなルールを作って解決できそうですか。こうしたことを考えたり、仲間同士で議論することは、国会で議員が行っていることと同じです。通常、法律の基となる法律案は、国会議員、もしくは内閣が提出することができます。法律案はその内容に相応しい委員会を選んで、法律案の審査を担当させます。そして、委員会ではその法律案を詳しく専門的に審査して、採決を行います。委員会での審査が終わった法律案は本会議で審議されます。ここでお願いしたいことは、皆さんへの政治参加です。通常わたしたちが直接国会で意見を述べることはできませんが、わたしたちの暮らしがより豊かになるための法律を考えてくれる国会議員候補を選ぶことはできます。こうしたことができるのも、わたしたちが投票できるからです。かつて我が国では、「選挙権は高額納税者の男子のみ」と限定されていた時代もありました。これでは一部の階層の人の意見しか反映されません。いまは18歳になれば選挙権が得られます。投票することは、間接的にせよ、法律をつくる一部を担っているともいえます。

　また、この演習に取り組むには、普段からの問題意識が必要です。普段から、**「どうすればもっと暮らしやすくなるだろうか」**などと考えていなければなりません。皆さんが日頃、「危ない」「不便だ」と思っていることを書き出してみるといいでしょう。あるいは、理不尽だと感じることはないですか。「アルバイトで同じ仕事をしているのに高校生のほうが時給が安いのはなぜか」など、よく考えても説明がつかないこともあります。確かに社会経験の不足、労働時間の制約などが理由としてあげられるでしょうが、同じ仕事をしているなら同一の時給でいいはずです。こうした日常の疑問を大切にして新たなルールを考えていく必要があるということを理解しておいてください。

4 ▶ 自分でリスクを管理する

　生きている以上、リスクをゼロにすることはできません。歩いていれば交通事故にあうかもしれません。また、旅行に出かければスリにあうかもしれませんし、混雑した電車に乗ればインフルエンザなどに感染するといったリスクもあります。あるいは、突然襲いかかってくる自然災害も避けられるものではありません。いずれも、生きている以上避けられないものばかりです。したがって、リスクをゼロにするというより、**①リスクを予知する、②リスクに備え最小限度に抑える、③想定外の事態に対処する方法を考えることができる**といったことが大切になってきます。リスクテイキングなどいうことばもありますが、これは危険やリスクを承知のうえで、あえてリスクを負った行動をとることです。皆さんのなかにも、海外留学を検討している人がいると思います。また、登山など危険と隣り合わせの冒険をしている人もいるでしょう。

　こうした経験を通して得るもの、喜びはことばでは表せないものだと思います。治安のよくない国に行けば、当然ながらリスクは高まります。しかし、リスクを冒しても、その

国で学びたいことがあれば渡航するという決断もあるでしょう。そうしたときに大切なことは事前の情報収集等に基づくリスクの予知や危険に遭遇したときの対処法を考えておくことです。

それでは、皆さんの身近なところで、想定されるリスク、危険を想像し、そのうえでその対処法を考えておきましょう。

演習5 **想定されるリスク、危険の想像、及びその対処法**

場所等	想定されるリスク、危険	その対処法
通学・通勤・外出等の移動		
大学・学習活動		
部・サークル活動		
アルバイト先		
友だちとの交流		
その他		

もちろん、すべての危険やリスクを想定した対処法などを考えておくことは難しいと思います。しかし、自分にとって比較的発生しやすいリスク、危険などを予め認識しておけば、発生時の対処もスムーズです。そして、そのときに、皆さんの味方になってくれるのが法律です。飲食店でのアルバイト中にやけどを負えば、労働者災害補償保険法に基づき、アルバイト店員であっても、労災の申請ができます。そうすれば原則治療費の本人負担はなくなります。つまり、危険、リスクを予知すること、そして、何か生じたとき、ど

のような法律に基づいて守られるかを知っておくことが大切です。

綜合警備保障株式会社HOME ALSOK研究所のホームページでは、警察庁発表の犯罪統計などをもとに、「全国治安ワーストランキング2023」（https://www.alsok.co.jp/person/recommend/dangerous-ranking2023/）を公開しています。それによると、2022年に発生した犯罪件数の割合（犯罪遭遇率）がもっとも高い都道府県は、大阪府（128人に1人）で、以下、兵庫県（166人に1人）、東京都（176人に1人）と続きます。こうした情報を知っていれば、実家から他の都道府県に転居したときなど、転居先の犯罪遭遇率をもとに注意を払うことができます。

我が国は、比較的治安のよい国とされていますが、犯罪が0（ゼロ）というわけではありません。さまざまな危険と隣り合わせに生活をしており、それらを知ることが大切だということを、再認識してください。

5 より豊かに、公正な社会になるために

第1節から第4節までで、法律の定義・役割、法律やルールの必要性、危険やリスクを考える重要性などを学びました。ここでは、わたしたちがより安全に、より豊かに過ごせるよう、さまざまな法律が制定されていることを学んでいきます。

2002年、身体障害者補助犬法が成立するまでは、補助犬を連れている場合、さまざまな施設への立ち入りを断られてしまい、障がい者の社会参加や就職も制限されていました。しかし、この法律の成立により、補助犬を連れている障がい者の公共施設、交通機関、レストラン、ホテルなどの民間施設の利用を断ることが禁止されました。補助犬は、体の不自由な人を助けるかけがえのないパートナーです。補助犬といっしょなら、活動の範囲も広がっていきます。こうして、新たに法律を制定し、より公正で豊かな社会を築こうとしているわけです。

性による差別、少数民族の問題、公害等による人権侵害、障がい者の権利保障など、すべての国民が例外なく平等で、より

補助犬マークは、施設側が補助犬を積極的に受け入れていることを示すとともに、補助犬同伴について理解を促進するためのマークです。

図表 1-2　自分で国や社会を変えられると思うか

Q1　あなた自身について、お答えください。(各国 n = 1000)
(※各設問「はい」回答者割合)

	自分を大人だと思う	自分は責任がある社会の一員だと思う	将来の夢を持っている	自分で国や社会を変えられると思う	自分の国に解決したい社会課題がある	社会課題について、家族や友人など周りの人と積極的に議論している
日本 (n = 1000)	29.1%	44.8%	60.1%	18.3%	46.4%	27.2%
インド (n = 1000)	84.1%	92.0%	95.8%	83.4%	89.1%	83.8%
インドネシア (n = 1000)	79.4%	88.0%	97.0%	68.2%	74.6%	79.1%
韓国 (n = 1000)	49.1%	74.6%	82.2%	39.6%	71.6%	55.0%
ベトナム (n = 1000)	65.3%	84.8%	92.4%	47.6%	75.5%	75.3%
中国 (n = 1000)	89.9%	96.5%	96.0%	65.6%	73.4%	87.7%
イギリス (n = 1000)	82.2%	89.8%	91.1%	50.7%	78.0%	74.5%
アメリカ (n = 1000)	78.1%	88.6%	93.7%	65.7%	79.4%	68.4%
ドイツ (n = 1000)	82.6%	83.4%	92.4%	45.9%	66.2%	73.1%

出所：日本財団（2019 年 11 月 30 日）「18 歳意識調査　第 20 回　社会や国に対する意識調査」P.5 (https://www.nippon-foundation.or.jp/wp-content/uploads/2019/11/wha_pro_eig_98.pdf)

豊かに暮らせるよう、法整備が行われているわけです。今もなお決して完璧とはいえません し、また社会情勢や変革により新たな不公平などが生じ、絶えず新たな立法、法改正 等が求められるわけです。そして、そうしたことを、わたしたちに代わって的確かつス ピーディに行ってくれる人を選ぶのが、わたしたち市民の役割です。その意味でも、投票 はわたしたちが行使できる重要な権利なのです。

　わたしたちは通常、国会に行き、自分の意見を述べることはできません。しかし、首相 官邸では、「ご意見募集（首相官邸に対するご意見・ご感想）」として、わたしたちからの 意見・要望などを受け付けています (https://www.kantei.go.jp/jp/forms/goiken_ssl. html)。こうしたサイトを利用し、自分の意見を表明することもできます。

　図表 1-2 は、日本財団が実施した国際的な若者の意識調査です。8 か国の 17 歳から 19 歳の若者に「自分で国や社会を変えられると思うか」という質問をしています。残念なが ら、「変えられる」と回答した日本の若者は 2 割弱です。他国の若者と比べると、主体性 に欠けるともいますが、変える必要もないほど、安定していていまの暮らしに満足してい るともいえそうです。しかし、何かおかしいという行為があれば、おかしいと発信してい かなければなりません。国会議員がわたしたちの生活全般をすべて把握しているわけでは

ありません。国会議員に任せきりにするのではなく、わたしたちも自分の意見を表明していくことが大切です。日常生活のなかで気づいている危険な場所、リスクの高い契約など、まだ管轄自治体、関係政府機関などが把握していないこともあると思います。たとえば、事故も多く地元の人は危険な交差点として認識していますが、地元以外の人は知らずに事故に見舞われる頻度が高いなどといったことがあれば、関係機関に改善を働きかけていくことができます。こうした行動は自分たちのリスクを低減することにもつながります。

　また、学生の皆さんとの対話や振り返りシートを読んでいると、共通の表現が見られます。「～してほしい（してほしかった）」という文末表現です。他者に対して何かを求める、もしくは何かを変えてほしいなら、自らはたらきかけていく必要があります。自ら行動しなければ、ミスは回避できるかもしれません。したがって、リスクもないでしょう。しかし、他人に任せきりでは、自分の期待している社会・組織にはなりません。自らの考えを発信したり、友だち同士で話し合うなどの機会を設けてみてください。

6 どこまで平等を実現できるか

　続いては、平等に関することです。わたしたちには、「法の下の平等」が保障されていることは皆さんもご存じのことと思います。多少の不平等はあるものの、基本的人権として法の下の平等が国家により保障されています。しかし、数億円のマンションを複数所有し、プライベートジェットで移動できる富裕層から日常生活に困窮している人まで、経済格差が見られることも事実です。こうした格差がもっと開けば、社会の混乱、犯罪の多発など、事故・事件等の発生率は高まることでしょう。こうなると、危険、リスクも高まっていきます。こうしたことを踏まえ、「法の下の平等」を再確認しておきましょう。

（1）日本国憲法が保障する平等権

　憲法 14 条 1 項には、「法の下の平等」が規定されています。

> すべて国民は、法の下に平等であつて、人種、信条、性別、社会的身分又は門地により、政治的、経済的又は社会的関係において、差別されない。

　個人の尊重（憲法 13 条）の出発点は、人は生まれながらにして平等だということにあります。平等権の考え方は、近代市民革命が身分社会を否定したことから始まります。そして、日本国憲法では法の下の平等を保障しています。「人種、信条、性別、社会的身分又は門地」による差別の禁止、つまりどこに生まれようと平等であるという考えを示しています。また、大日本帝国憲法下の華族制度なども認められていません（憲法 14 条 2 項）。家族生活における両性の本質的平等も保障しています（憲法 24 条 2 項）。

　こうした法の下の平等を実現するため、さまざまな取り組みが行われてきました。たとえば、1981 年、最高裁判所は民間企業の女子若年定年制を無効と判断しました。「定年年

齢を男子 60 歳、女子 55 歳」と定めた就業規則は女子の定年年齢を男子より低く定めた部分が性別のみによる不合理な差別を定めたものとして無効と判断されました。1985 年には男女雇用機会均等法が制定され、1997 年の改正（1999 年施行）でそれまで努力目標であった多くの内容が義務規定に強化されていきました。さらに、雇用以外でも、男女差別を解消するため、1999 年、男女共同参画法が制定されました。

　なお、世界経済フォーラムでは「世界ジェンダーギャップ報告書 2024」を公表しています。日本は調査対象 146 か国のうち、118 位でした。あまり誇れる順位ではありませんが、前年度より進展しています。このランキングは「ジェンダー間の経済的参加度及び機会」「教育達成度」「健康と生存」「政治的エンパワーメント」の 4 種類の指標を基に格差を算定し、ランキング付けされています。なお、上位はアイスランド、フィンランド、ノルウェー、ニュージーランド、スウェーデンの順です。そのほか、ドイツ 7 位、英国 14 位、フランス 22 位、カナダ 36 位、米国 43 位、イタリア 87 位でした。

　身体や精神に障がいのある人への差別も依然としてあります。しかし、身体障害者雇用促進法なども制定され（1987 年、障害者雇用促進法に改正）、隔離から障がい者、健常者を区別することなく共に社会生活を行っていこうとする考え方（ノーマライゼーション）が高まってきました。そのほかにも、アイヌ民族への偏見、固有の文化の否定を解消するため、1997 年、アイヌ文化振興法が制定されました（2019 年には、アイヌ施策推進法が制定）。

　さて、日本国憲法の重要な条文について触れましたが、ここで日本国憲法と大日本帝国憲法（明治憲法）との違いについて確認しておきましょう。現行憲法と比較しながら、次の演習に取り組んでみてください。

演習 6　現行憲法と大日本帝国憲法との違い

大日本帝国憲法			日本国憲法
（　　①　　）		性格	国民が定めた民定憲法
（　　②　　）		主権者	国民（国民主権）
（　　③　　）		天皇	日本国・日本国民統合の象徴
（　　④　　）		国民の権利	基本的人権の尊重
（　　⑤　　）		戦争と軍隊	戦争放棄・戦力不保持・交戦権の否認（平和主義）
（　　⑥　　）		国会	国権の最高機関　唯一の立法機関 衆議院・参議院の二院制
（　　⑦　　）		内閣	行政の執行機関
（　　⑧　　）		裁判所	司法権の独立を保障

※解答は本 Chapter の最後にあります

　大日本帝国憲法との違いを理解するとともに、現行憲法の大切さを再認識してください。

(2)「平等」を考える

　たとえば、皆さんが部・サークルでファミリーレストランに食事に行ったとしましょう。「平等な負担」を実現するには、どのような支払いの割り当てが適切でしょうか。

演習7 もっとも平等な費用負担案を考える

負担案	
理由	

　よくあるのは高学年の先輩が多めに負担するなどというものでしょうか。そのほか、つぎのような分担案が考えられそうです。
・単純に合計金額を人数で割り、全員が均等に支払う
・個々人が食べたものが明確なら、それぞれが食べた分を支払う
・学年ごとに負担率を変えて、高学年ほど余分に支払う

　こうした支払方法のうち、どれがもっとも平等なのでしょうか。いつも後輩たちが雑用をしてくれているから先輩が余分に支払う、アルバイトなどの収入が多い順に負担率を変えるなどの方法もあります。

　平等とは、特定の属性に即して人の扱いを決めることです。そして、その属性として何を選ぶかによって人の扱いが変わってきます。アルバイトでたくさん稼いでいる（経済的余裕度）、それぞれの飲食代（本人の食べた金額）、先輩・後輩といった学年区分（学年ごと）などにより、それぞれの負担額は変わってきます。ここで難しいのは、どの基準を選択するかで、それぞれの負担額が変わるということです。そして、どのような基準を選択しても全員の満足を得るのはなかなか難しいということです。

　わたしたちはここまでの「平等」を獲得するまでに、実に多くの苦難を乗り越えてきたわけです。ですから、さらにわたしたちが暮らしやすくなるよう、さらなる平等を追求していかなければなりません。しかし、完全な平等、全員が納得する平等を実現することが難しいということも事実です。

　一般的に、公共交通機関等では、「お年寄りには席を譲りましょう」ということがいわれています。これに反対する人はあまりいないと思います。年齢

を重ね、身体も弱っていたり、転倒してけがをする可能性が高いからという理由です。しかし、3つのアルバイトを掛け持ちして昼間は大学、夕方からはアルバイト、それでも生活は厳しいため、いつも十分な食事もとらずに栄養失調状態の学生が電車でお年寄りに席を譲らず座っていたら、その学生は道徳的に非常識であるとして批判されなければならないでしょうか。

いま、我が国は、「格差社会」などと呼ばれています。格差社会とは、人々が特定の基準から見て隔絶された階層に分断された社会のことです。特に、所得・資産面での富裕層と貧困層の両極化と、世代を超えた階層の固定化が進んだ社会のことを指します。簡単にいうと、経済面において富裕層はとても裕福であるのに対し、貧困層の所得はとても低くその差が非常に大きい社会のことです。どのような社会でも全員を全く同じ所得・資産にすることは不可能であり、ある程度の差が生じるのは避けられません。しかし、その差があまりにも大きいと、社会の停滞や混乱を招きかねません。そのため、あえて「格差社会」と呼ばれています。格差社会は単なる貧富の差だけでなく、新たな不平等を生んでいきます。そうなると、ある程度の調整を図るため、新たな施策、法律の制定が必要になってくることもあります。先のような学生であれば、平等な社会だなんて思わないでしょう。こうした学生が増えていけば格差の是正に乗り出していかなければなりません。こうして常に格差を是正していく必要があるわけです。

資本主義社会ではどうしても格差が生じてしまいます。その格差を埋めるのが、社会保障制度の所得再分配機能です。簡単にいえば、社会全体で所得の低い人の生活を支えていくということです。税金にも所得再分配の機能があります。所得の高い人がより多くの税金、社会保険料を納め、所得の低い人はより少ない額の税金、社会保険料を納めます。このようにして、皆が等しくさまざまな社会サービスを受けられるようにしているわけです。所得の高い人にとっては、他の人の分まで負担するのはかえって不平等だとの意見もありますが、こうした機能により、社会全体の秩序、安定を保っているわけです。

1970年代には、「1憶総中流」という表現がありました。多くの日本人が自分は中流（平均程度の所得層）だと自覚し、所得や生活水準にあまり格差がなかった時代です。しかし、現在はどちらかというと、格差の生じている時代です。頑張ればお金持ちになれる、豊かに暮らしたい、贅沢をしたいなどと思っている人、中流でいいと思っている人など、考え方はさまざまです。皆さんが自分で決めていいわけです。しかし、極端な富の集中は、混乱、社会不安を招きかねません。その意味でも、自分の暮らしとともに、社会全体を見る視点を大切にしてください。

現代の資本主義は、18世紀後半にイギリスで起きた産業革命をきっかけとして成立していきました。当時、労働者が過酷な労働条件のもと、安い賃金で働かされていた時代がありました。どれだけ労働者が頑張って働いても豊かにはなれませんでした。再びこうした時代が復活することのないよう、法律を制定しそれを守ることによって、わたしたちは

平和と安定を享受できているわけです。こうしたことも忘れないでください。

　本テキストでの学習にて、一貫してお願いしたいことは、考えてほしいということです。ここではどうすれば、より多くの人が平等に近づき、より幸せになれるか、どうすれば危険を察知・回避できるかなどを考えながら、取り組んでください。

7 法律との付き合い方

　「良き法律家は、悪しき隣人」などという法諺（ほうげん）（法的なことわざ）があります。これは、法律の知識を振りかざして、人情や社会常識を全くかえりみない行動をとる法律家を批判する警句です。法を学ぶことは、この意味での「良き法律家」を目指すものであってはなりません。わたしたちは、社会常識、実態なども踏まえて、公平・公正な判断やそれに基づいた行動をとっていかなければなりません。法律の理解とともに、どのような対処がもっとも最適な問題解決策なのかを考えられるようにしましょう。

　たとえば、「わたしのことを嫌っている人がいる。なんとかできないか」といわれたら、皆さんはどのように対処しますか。心のなかのことまで法律に踏み込まれて、処罰されたり、損害賠償を請求されたりしたら、紛争だらけになってしまいます。このことに関しては、憲法19条において、「思想及び良心の自由は、これを侵してはならない」として、どのようなことを考えたり、思ったりすることも自由とされています。つまり、相手の心を読み取ったとしても、それで相手に損害賠償を請求したり、被害届を提出するというわけにはいきません。

　法律とは、前述のとおり、わたしたち一人ひとりが、お互いの個性を認め合い、協力し合いながら生きていくためのルールです。つまり、前提はお互いを認め合うことです。こうした前提があってこそ、ルールも生きてきます。法律をもとに双方の利害やトラブルを解決することも大事ですが、まずは相手を認め、問題解決にあたることが大切です。その意味で、**「法律知識＋問題解決力」**が求められます。

リスク回避、トラブル解決のためのノウハウ💡

- ・「問題だ」「不便だ」と感じたら、どのようなルールを策定すれば、公平・公正な対処ができるかを考える。
- ・双方の意見が一致しない場合、お互いを認め合って話し合うことである。
- ・生きている以上、リスクは避けられない。リスクをゼロにするというより、①リスクを予知する、②リスクに備え最小限度に抑える、③想定外の事態に対処する方法を考えることができるといったことが大切になる。

16

▶ 参考文献

住吉雅美（2020）『あぶない法哲学』講談社。

齋藤孝（2023）『本物の教養』SB クリエイティブ。

三菱総合研究所ほか（2024）『大学生が狙われる 50 の危険』青春出版社。

演習 6 の解答

①天皇の権威によって定められた欽定憲法、②天皇、③神聖で侵してはならない存在
④法律の範囲内で自由権を保障、⑤天皇が軍隊を指揮・命令、国民の兵役の義務
⑥天皇の協賛（同意）機関、⑦天皇の統治を助ける機関、⑧天皇の名において裁判

Column 1

ユニークな条例

　「条例」は、憲法 94 条、地方自治法 14 条、16 条などに基づき、地方公共団体が法令の範囲内で議会の議決により制定できるものです。

　栃木県下野市には、子どもを褒めるための条例があります（「下野市児童表彰条例」2006 年制定）。これは子どもに自信と誇りを持ってもらうために制定されたものです。表彰の対象は次の 8 つです。

（1）健康賞　生活行動に気を配り、健康の増進に努めている者
（2）努力賞　学校や社会生活で様々な事によく努力している者
（3）体育賞　スポーツに一生懸命に取り組んでいる者
（4）親切賞　周囲に親切にしたり奉仕した者
（5）学芸賞　学業や文化、芸術に努力している者
（6）友情賞　友達や仲間づくりに努めている者
（7）明朗賞　いつも明るく活発に行動している者
（8）前各号に掲げるもののほか、表彰に値する者

　一般的に日本人の自己肯定感は低く、なかなか自分の行動に自信が持てないといわれています。しかし、こうした機会があれば、自分の行動が褒められるものであると自覚できます。このような経験の積み重ねで自信がもてたり、自分の強みに気づけることもあるでしょう。いずれにしても子どもたちの将来のキャリア形成に寄与するものと思います。特に、親切賞、友情賞、明朗賞は、チームで協働する際の基盤となるものです。学習以外にも、こうした能力・資質を高めることが、仕事にも有効であることを子どものときからはたらきかけることはきわめて意義のあることです。確かに、褒められるから行うのでは意味がないなど、こうした条例には賛否が分かれるところですが、それぞれの賞が将来の仕事、暮らしのなかで重要になってくるということを子どもたちに伝えていくことが大切だと思います。

　子どもたちが自ら条例の必要性に気づき、活躍していくことをお祈りしています。

Chapter 2

大学生の法律的立場を理解する

「18 歳」「20 歳」になるということ

　皆さんも成人年齢の引き下げはニュースなどでご存じのことと思います。かつては、我が国も 20 歳からが成人でしたが、2022 年から 18 歳が成人年齢となりました。諸外国でも成人年齢を引き下げる傾向にあり、18 歳を成人とするのが一般的になっています。

　法律は空気と同じような存在で、普段、わたしたちは法律によって守られているということを意識することはないと思います。たとえば、児童福祉法では「満 18 歳に満たない者」を児童として保護の対象としています。しかし、中学校に通いながら自分は保護されているなどといった実感はあまりなかったと思います。

　大学生となり、年齢的にも 18 歳を迎え、成人になったことで、どのような法律的な立場の違いが生じるのでしょうか。まずは「18 歳」「20 歳」でできることをそれぞれ確認していきましょう。

この章の到達目標

- □「18 歳」「20 歳」で、それぞれ法律的にどのような権利・義務が発生するのかを正確に理解する。
- □ 法律的にできることが拡大し、何を期待されているかを考えることができる。

知っておきたい関連法規

- 憲法 13 条（個人の尊重と公共の福祉）、15 条（公務員の選定罷免権）、21 条（表現の自由）
- 民法 4 条（成年）、5 条（未成年者の法律行為）、731 条（婚姻適齢）
- 公職選挙法 9 条（選挙権）
- 道路交通法 88 条（免許の欠格事由）
- 少年法 51 条（死刑と無期刑の緩和）、62 条（特定少年の特例）

1　学びのためのウォーミングアップ

　18 歳になると、選挙権がもてる、結婚できる、自動車の運転免許が取得できるなど、ある程度のことはご存じだと思います。まずは、【演習 1】で 18 歳でできること、20 歳でできることをそれぞれ確認しておきましょう。

第1部　入学から1・2年生までに遭遇しそうな危険・トラブル　19

演習1 ▶ **18歳（20歳）になるとできること　※年齢を記入**

喫煙		結婚	
競馬（馬券を買う）		10年有効のパスポートの取得	
選挙（投票）		飲酒	
普通自動車運転免許		公認会計士の国家資格の取得	

※解答は本Chapterの最後にあります

それでは、結婚、選挙権などの事項について、確認しておきましょう。

項目	内容	関連条文
結婚	民法の規定により男女とも18歳で婚姻できる。かつては男性18歳、女性16歳であったが、民法改正により2022年4月より男女とも18歳に統一された。	民法731条（婚姻適齢）
選挙権	選挙権年齢も20歳から18歳に引き下げられた。	公職選挙法9条（選挙権）
自動車運転資格	18歳で普通免許、大型特殊免許、大型二輪免許等を取得できる。大型免許は21歳、中型免許は20歳と定められている。	道路交通法88条（免許の欠格事由）
刑罰の適用	18・19歳は、「特定少年」と呼ばれ、引き続き少年法が適用される。しかし、死刑を科すべき場合において、17歳以下であれば無期刑または有期刑しか科されないのに対し、18歳になると死刑に処せられる場合がある。また、特定少年のときに犯した事件について、起訴された場合には実名報道の禁止が解除されるなど、17歳以下の少年とは異なる特例を定めている。	少年法51条（死刑と無期刑の緩和）同法62条（特定少年の特例）

2 — 18歳成年制度よって変わるもの・変わらないもの

　明治時代からおよそ140年間、日本での成年年齢（一般的には、「成人」と呼ばれていますが、民法上は「成年」と表記しています）は20歳と民法で定められていました。この民法が改正され、2022年4月1日から、成年年齢が20歳から18歳に変わりました*（民法4条）。これによって、2022年4月1日時点で18歳、19歳の人は2022年4月1日に成人となりました。また、2022年4月1日以降に18歳になる人（2004年4月2日以降に生まれた人）は、18歳の誕生日から成人となります。

　近年、公職選挙法の選挙権年齢や憲法改正のための国民投票の投票権年齢を18歳と定めるなど、18歳、19歳の若者にも国政の重要な判断に参加してもらうための政策が進められてきました。こうした中で、市民生活に関する基本法である民法でも、18歳以上を大人として扱うのが適当ではないかという議論がなされ、成年年齢が18歳に引き下げられました。なお、世界的にも成年年齢を18歳とするのが主流となっています。**民法が定**

＊各地方自治体等で実施される成人式に関しては、民法改正後も基本的に地方自治体の判断に委ねられることとなり、結果的には、ほとんどの自治体は現状維持として20歳を対象に実施しています。これは18歳を対象に行うと受験や就職活動の時期と重なり負担が大きいことなどが理由としてあげられています。但し、式典名が成人式のままだと対象が18歳になってしまうため、「20歳のつどい」「20歳を祝う会」などの名称に変更するケースが多く見られました。

図表 2-1　18歳成年制度によって変わるもの・変わらないもの

18歳（成年）になったらできること	20歳にならないとできないこと （これまでと変わらない）
・親の同意がなくても契約できる 　携帯電話の契約、ローンを組む、クレジットカードをつくる、一人暮らしの部屋を借りる　など ・10年有効のパスポートを取得する ・公認会計士や司法書士、医師免許、薬剤師免許などの国家資格を取る ・結婚 　女性の結婚可能年齢が16歳から18歳に引き上げられ、男女とも18歳となる ・性同一性障害の人が性別の取扱いの変更審判を受けられる ※普通自動車免許の取得は従来と同様、「18歳以上」で取得可能	・飲酒 ・喫煙 ・競馬、競輪、オートレース、競艇の投票券（馬券など）を買う ・養子を迎える ・大型・中型自動車運転免許の取得

出所：政府広報オンライン「18歳から大人に！成年年齢引き下げで変わること・変わらないこと」をもとに作成 (https://www.gov-online.go.jp/useful/article/201808/2.html)

めている成年年齢は、①「1人で契約をすることができる年齢」という意味と、②「父母の親権に服さなくなる年齢」という意味があります。成年に達すると、親の同意を得なくても、自分の意思でさまざまな契約ができるようになります。たとえば、携帯電話を契約する、ひとり暮らしをするための部屋を借りる、クレジットカードをつくる、高額な商品を購入したときにローンを組むといったとき、未成年の場合は親の同意が必要です。しかし、成年に達すると、親の同意がなくても、こうした契約が自分ひとりでできるようになります。また、親権に服さなくなるため、自分の住む場所、進学や就職などの進路なども自分の意思で決定できるようになります。さらに、10年有効のパスポートを取得したり、公認会計士や司法書士、行政書士などの資格を取得したりすることもできるようになります（図表2-1参照）。

　一方、成年年齢が18歳になっても、飲酒や喫煙、競馬などの公営競技に関する年齢制限は、これまでと変わらず20歳です。健康面への影響や非行防止、青少年保護等の観点から、20歳という年齢が維持されました。成年年齢引き下げにより、できることも増えましたが、従来通り、できないこともありますので、正確に理解しておきましょう。

20歳未満の場合、まだまだ成長段階にあり、飲酒によって脳細胞や臓器の機能が抑制されるなど体に悪い影響を受けやすいということがあります。アルコールの分解に関わる酵素を充分に分泌できないことも考えら

図表 2-2　アルコール換算表（お酒の 1 単位：純アルコールにして 20 g）

ビール	（アルコール度数 5 度）なら	中びん 1 本	500 ml
日本酒	（アルコール度数 15 度）なら	1 合	180 ml
焼酎	（アルコール度数 25 度）なら	0.6 合	約 110 ml
ウイスキー	（アルコール度数 43 度）なら	ダブル 1 杯	60 ml
ワイン	（アルコール度数 14 度）なら	1/4 本	約 180 ml
缶チューハイ	（アルコール度数 5 度）なら	ロング缶 1 缶	500 ml

アルコール量の計算式	お酒の量（ml）×［アルコール度数（%）÷ 100］× 0.8 例）ビール中びん 1 本　500 ×［5 ÷ 100］× 0.8 = 20

出所：公益社団法人アルコール健康医学協会「お酒と健康」をもとに作成（https://www.arukenkyo.or.jp/health/base/index.html）

れます。そのため、飲酒は 18 歳ではなく、20 歳という年齢が維持されているわけです。つまり、理由があっての年齢制限です。こうした背景・理由を知ることで、順守の必要性もいっそう理解できることと思います。

　20 歳になれば、お酒を飲む機会もあると思います。**図表 2-2** は公益社団法人アルコール健康医学協会から公表されている「アルコール摂取量の基準とされるお酒の 1 単位」の飲酒量です。この 1 単位を各種アルコール飲料に換算すると、ビールは中びん 1 本（500 ml）、日本酒は 1 合（180 ml）、ウイスキーはダブル 1 杯（60 ml）、焼酎 0.6 合（110 ml）が目安となります。こうしたデータをもとに度数の高いお酒は控えるなど、注意してください。なお、飲酒に関しては、Chapter 7 でも、「アルコールの強要」に関連して扱います。

　同ホームページによれば、体重約 60 kg の人が 1 単位のお酒を 30 分以内に飲んだ場合、アルコールは約 3〜4 時間体内にとどまります。さらに 2 単位の場合ではアルコールが体内から消失するまでに約 6〜7 時間かかります。個人差もあるでしょうが、アルコール度数、酔いがさめるまでの時間なども知っておくと、急性アルコール中毒などの事故は回避できると思います。

3　あなたは大人か

　まず**図表 2-3** をご覧ください。18 歳の時点で「成人に相応しい大人になったか」という質問に対して、大人になった（どちらかいうと大人になった）と子どものまま（どちらかというと子どものまま）の割合がほぼ 2 分しています。問題は子どものまま（どちらかというと子どものまま）という人が半分くらいいるということです。自分としては、**まだ大人の自覚はないのに、法律上は大人となり、大人としての扱いを受ける**ということです。親元から離れひとり暮らしを始めたなどの転機があると、大人としての自覚も出てく

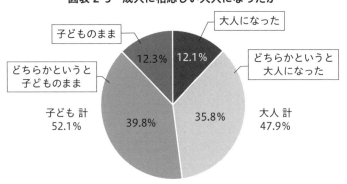

図表 2-3　成人に相応しい大人になったか

出所：日本財団（2022年3月24日）「18歳意識調査　第45回－18歳成人・18歳の価値観－」要約版 P.7（https://www.nippon-foundation.or.jp/app/uploads/2022/03/new_pr_20220323_01.pdf）

ると思いますが、そうでもない限り、大人としての自覚をもつことは難しいと思います。こうした学習機会を通して、大人としての自覚をもって行動していきましょう。

　未成年者の場合、契約には親の同意が必要です。もし、未成年者が親の同意を得ずに契約した場合には、民法で定められた「未成年者取消権」（民法5条2項）によって、その契約を取り消すことができます。この未成年者取消権は、未成年者を保護するためのものであり、未成年者の消費者被害を抑止する役割を果たしています。

　成年に達すると、親の同意がなくても自分で契約ができるようになりますが、未成年者取消権は行使できなくなります。つまり、**契約を結ぶかどうかを決めるのも自分なら、その契約に対して責任を負うのも自分自身**になります。

　契約にはさまざまなルールがあり、そうした知識がないまま、安易に契約を交わすとトラブルに巻き込まれる可能性があります。社会経験に乏しく、保護がなくなったばかりの成年を狙い打ちにする悪質な業者もいます。そうした消費者トラブルに遭わないためには、未成年のうちから、契約に関する知識を学び、さまざまなルールを知った上で、その契約が必要かよく検討する力を身に付けておくことが重要です。

　また、消費者トラブルに巻き込まれた場合や困ったことが起きてしまった場合の相談窓口として、**消費者ホットライン「188（いやや）！」**が設置されています。これは最寄りの消費生活センター等を案内する全国共通の電話番号です。困ったとき、おかしいなと思ったときにはひとりで悩まず相談することも大事です。

　こうした相談をするときに大切なことは準備です。ただ詐欺にあったというだけでは、相談相手も具体的なアドバイスができないことがあります。いつ、どのような相手から、どのような被害にあったのか。そして、あなた自身はどのような解決を望んでいるかを整理したうえで、相談することです。こうして整理すると、正確に被害を把握することができますし、相談員からもより具体的なアドバイスがもらえます。慌てることなく、まずは事実の整理を行ってみてください。

第1部　入学から1・2年生までに遭遇しそうな危険・トラブル　23

　それでは、これまでの出来事を振り返ってトラブル等に巻き込まれたときの経験を思い出してみてください。必ずしも法律的なことでなくても構いません。

演習2　トラブルを整理してみる

項目	具体的内容
トラブルの内容	
トラブルの原因	
専門家などに相談したいこと	
期待する解決策	

　こうした整理ができると、トラブルを客観視することができますから、冷静に対応策を考えることができます。トラブルに見舞われると、一般的には、慌てたり、場合によってはパニック状態に陥ってしまいます。こうした感情の動きは仕方のないことですが、それでも整理は重要です。落ち着きを取り戻すためにも事態の整理をお勧めします。

4 大人として知っておきたい基本的な法律知識

　本テキストでは、リスク回避、トラブル対応を主な目的としているため、法律の体系に沿った解説は行っていません。そのため、ここで、法律の分類、体系を整理しておきます。

　国家や行政と国民の関係などを規律する法律を**公法**、個人間の売買、貸借、会社の取引などの経済生活、夫婦、親子などの家族関係を規定する法律を**私法**といいます。そして、6つの主要な法律、いわゆる「六法」として、**憲法、刑法、民法、商法、刑事訴訟法、民**

事訴訟法があります。

区分	法律名	内容
公法	憲法	国家権力の権限・義務、統治機構を定め、国民の権利や自由の保障を図るための根本規範。国民主権、基本的人権の尊重、平和主義を3大原則とする。
	刑法	犯罪とそれに対する刑罰を定める。
	刑事訴訟法	刑事手続きを規定する法律。犯罪者に刑罰を科すために刑法等刑罰規定のある法律を適用するための手続法。
	民事訴訟法	民事裁判の手続きを規定する法律。民法は私法に属するがそこでの権利・義務関係を確定する裁判手続きは国と個人の関係であるので、公法に分類される。
私法	民法	私人の日常生活に関する財産関係と家族の身分関係の一般原則を定める法律。私有財産の尊重、契約自由の原則、過失責任の原則を3本柱としている。
	商法	民法の特例法としての商事（商売、企業（なお、会社については会社法が定められている））に関する法律。商人や商行為の概念、その他商事に関する一般原則を定めている。

なお、このように書かれた法律をもっている国（成分法主義の国）は、日本のほか、フランス、ドイツなどです。一方、イギリスやアメリカのように、裁判所の判決を積み重ねていく国（判例主義の国）もあります。

5 選挙権を行使する

さて、大人となり得られる権利として、選挙権の行使があります。誰に投票していいかわからないので棄権などということではなく、情報収集して最適な候補者を選んでください。図表2-4は衆議院議員選挙における年代別の投票率の推移です。若い世代の投票率は、いずれの選挙においても他の世代に比べて低く、しかもその差が拡大してきています。たとえば衆議院議員総選挙における20歳代の投票率は全体の投票率に比べ、昭和50年代（1975年～1984年）は10ポイントほど低かったものが、現在は20ポイントほどの差になっています。なお、令和3（2021）年の衆議院議員総選挙においては、10歳代の投票率は43.23％（18歳50.35％、19歳36.02％）となり、20歳代の投票率に比べて高い水準となりました。

それでは、選挙の際、どのような情報や基準をもとに候補者を見ていけばよいのでしょうか。政見放送、候補者のホームページをチェックするなどで、これまでの経歴、当選したらどのようなことに取り組みたいかなど、ある程度のことはわかると思います。また、新人でない限りこれまでの

第 1 部　入学から 1・2 年生までに遭遇しそうな危険・トラブル　25

図表 2-4　衆議院議員選挙における年代別投票率の推移

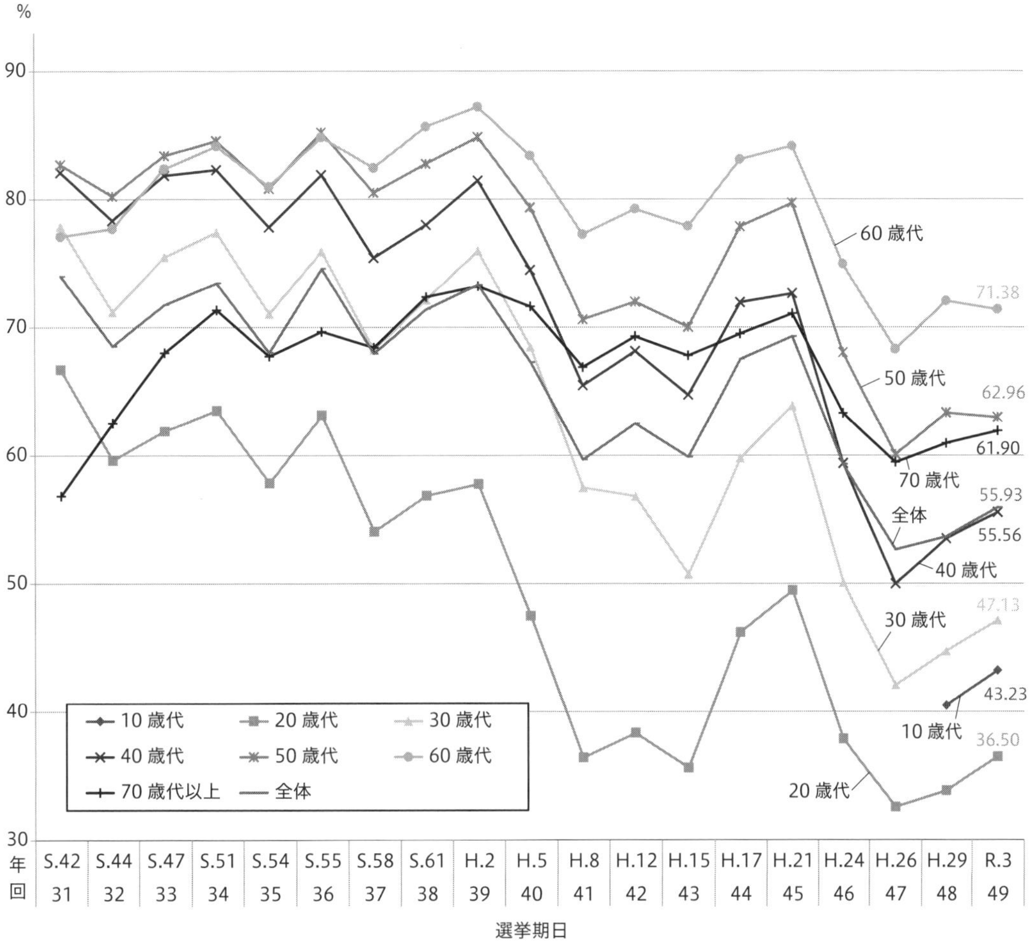

%

90

80

60 歳代

71.38

70

50 歳代

62.96

70 歳代

61.90

全体

55.93
55.56

40 歳代

30 歳代

47.13

10 歳代

43.23

20 歳代

36.50

	10 歳代		20 歳代		30 歳代
	40 歳代		50 歳代		60 歳代
	70 歳代以上		全体		

| 年 回 | S.42 31 | S.44 32 | S.47 33 | S.51 34 | S.54 35 | S.55 36 | S.58 37 | S.61 38 | H.2 39 | H.5 40 | H.8 41 | H.12 42 | H.15 43 | H.17 44 | H.21 45 | H.24 46 | H.26 47 | H.29 48 | R.3 49 |

選挙期日

出所：総務省「衆議院議員選挙における年代別投票率（抽出）の推移」(https://www.soumu.go.jp/main_content/000255967.pdf)

議員としての活動実績があります。そうした実績を調べるのもよいでしょう。

　このように、情報はいろいろと公開されています。そのほか駅や繁華街などでの街頭演説を聞くということもできます。それでは、国会議員を選ぶ、市議会議員を選ぶという場合、どのような着眼点で判断すればよいでしょうか。国会議員と市議会議員では、役割も異なりますから、着眼するポイントも異なります。

演習 3　議員を選ぶ際の着眼点を考える

国会議員を選ぶ	市議会議員を選ぶ

国会議員の役割は、法律の制定、予算の議決と決算の審議、条約締結の承認、内閣総理大臣の指名などを行うわけです。もっと端的にいえば、国の舵取りです。外交、景気対策、少子化・高齢化対策、文教政策などもありますし、震災などに見舞われたら、スピーディに対策本部を立ちあげて具体的な対応策を指示していかなければなりません。こうした意味では、わたしたちの生活や暮らしを理解できること、具体策を策定できること、実行力のあることなどが求められるでしょう。また、市議会議員であれば、街の問題・課題を理解し、やはり具体策を策定し、実行に移せる人が必要です。これらは一例に過ぎませんが、皆さんも何に着眼して候補者を選定するかを考えたうえで、政見放送、政策などを聞くとよいでしょう。

明治憲法が発布され、第1回衆議院議員総選挙が1890（明治23）年に実施されました。このときの有権者は、「満25歳以上の男子で、直接国税15円以上を納税している者」に制限されていました。つまり、かつては完全な制限選挙だったのです。これではごく一部の人の意見しか反映できません。このような過去の歴史を踏まえ、憲法15条では、「公務員を選定し、及びこれを罷免することは、国民固有の権利である。」と規定し、義務ではなく、あくまで権利として保障しているのです。その一方で、投票を国民の義務と定めている国もあります。投票が義務づけられている国では、投票に行かないと罰金を科せられることもあります。投票を国民の義務にすれば、投票率は大幅に高まります。そして、選挙結果にも大きな影響を及ぼすことになるでしょう。罰金制度は政治への関心を高める施策としては有効かもしれませんが、あくまで投票は権利ですから、自分で自分の行動を決めることが大切です。

6 ▶ 私事と自己決定

皆さんも中学・高等学校のとき、この校則は必要なのか、校則が厳しすぎるのではないかなど、疑問をもたれたことと思います。服装や頭髪に関すること、通学のマナーなど、たくさんの校則が生徒手帳などに記載されていたはずです。他人に迷惑をかけるわけでもなく、学校の秩序を保つという包括的な理由であらゆる個人の自由が制約されるのはおかしいと思ったことでしょう。もちろん憲法には、服装・頭髪などに関する規定はありません。しかし、具体的な規定がなくても、基本的人権として認められるものです。その拠り所は、憲法13条（幸福追求権）にあります。一定の私的事項に関して、他者に干渉されることなく、自由に決めることができる権利（**自己決定権**）が保障されているのです。

自己決定権については、学校の校則以外にも、宗教的な教義に基づく輸血の拒否、末期医療における死の選択などの医療の場面、登山などの危険行為への規制などの場面でも、しばしば問題視されてきました。いずれも、生命の危険を保護するといった理由と個人の自由な選択が対立するわけです。

勉強に集中するようにと服装・頭髪を規制したり、危険だからとバイク免許の取得を禁止したりと、中学・高等学校では、さまざまな規制に、「うっとうしい」「大きなお世話だ」と思われたことでしょう。たとえ生徒のためだとしてもどこまでが許容されるものなのでしょうか。

　ここで皆さんに学んでほしいことは、他者の行動を規制する合理性です。どのような根拠をもとに規制するのか。教員になる人もいるでしょう。生徒から服装は個人の自由だと指摘されたらどのように答えますか。生徒一人ひとりの尊厳が保障されているわけですから、それを規制するには、理由が必要です。あるいは、子育てするようになり、公園の遊具を使おうとして、「まだ小さいからもう少し大きくなったらね」と子どもを危険から守ったり、社員に台風で危険だからと早々に帰宅してもらったり、皆さんはこれから相手のことを思い、守る（保護）という名目で相手の行動に規制をかけるシーンがあると思います。台風などに見舞われた場合、誰もおかしいなんて異論を唱える人はいないでしょう。しかし、他人の行動を規制する以上、正当な理由が求められます。生徒のためとして、校則で服装・頭髪などに関してのルールが決められていました。しかし、靴下が長いと勉強に支障を来すのでしょうか。髪の毛を染めると学校の秩序が保てなくなるのでしょうか。頭髪も整い、靴下の長さも決められていれば、統一感はあります。しかし、それらは生徒の利益になっているかということです。

　さて、中学・高等学校時代を振り返り、もし校則がなかったらどのようになっていたかを考えてみましょう。自分はどうなっていたか、学校はどうなっていたかなどを考えてみてください。

演習4　校則のない中学・高等学校を考える

自分はどうなっていたか	学校はどうなっていたか

　「もっと自由だった」「もっとおしゃれを楽しめた」など、たくさんの意見が出たと思います。ここで考えてほしいことは、**ルールが思考を奪っている**ということです。ルールがあれば、それに従わざるを得ません。しかし、ルールがなければ自分たちで考えていかな

ければなりません。自己決定権を他人に委ねてしまうということは、考える力をも奪われているということです。

　自分が自分の生き方を決めるというとき、当然、その責任も引き受けなければなりません。しかし、自分が自分らしく生き抜くためにも、その選択・決定は適切か、組織に混乱を生じさせていないかなどを考えたうえで、自分らしく生きてください。つまり、自分らしく生きるためには**考える力**が必要なのです。

7　表現の自由

　大日本帝国憲法下では、公権力による反体制勢力への弾圧が何度も行われてきました。政府に対する抗議デモなどが行われると、その首謀者たちは逮捕、拘束されることも少なくありませんでした。反対に、政府の意向をよく見せるための記事は強制的に掲載させられたりもしました。しかし、いまはこうした抗議デモを行うことも、憲法上保障されています。憲法21条には、「集会、結社及び言論、出版その他一切の表現の自由はこれを保障する。」と規定されています。

　わたしたちは、SNSなどを通して、いろいろと自由に意見を述べることができます。他人のプライバシーを侵害したり、誹謗・中傷などでない限り、自分の意見を表明し、それによって処罰されることはありません。日頃、表現の自由は憲法で保障されているんだなどと意識することはありません。しかし、我が国でもかつて、思想・言論統制が当たり前のように行われていた時代がありました。時々こうした歴史を思い浮かべてみてください。表現の自由が保障されているからこそ、わたしたちは自由にSNSなどで意見を述べることができるわけです。しかし、簡単に発信できるからこそ、相手への配慮を忘れないようにしてください。写真等をSNS上で掲載する場合には、その写真に掲載されている相手の許可を得るなど、十分な配慮が求められます。

リスク回避、トラブル解決のためのノウハウ💡

・トラブルに巻き込まれても、冷静に現状等を整理する。

・成年に達すると、親の同意がなくても自分で契約ができるようになるが、未成年者取消権は行使できない。契約を結ぶかどうかを決めるのも自分なら、その契約に対して責任を負うのも自分自身になる。

・投票にあたっては、着眼点を持つことが大切である。有権者の公約などを読む前にまずどのような基準で選ぶかを決めておくことが重要である。

・自分が自分の生き方を自由に決めることもできるが、その結果責任は自分が引き受けなければならない。また、自分らしく生きるためには、考える力が求められる。

▶ **参考文献**

山田卓生（1987）『私事と自己決定』日本評論社。

細川幸一（2022）『新版　大学生が知っておきたい生活のなかの法律』慶應義塾大学出版会。

松井茂記（2022）『日本国憲法を考える　第4版』大阪大学出版会。

演習1の解答

喫煙	20歳	結婚	18歳
競馬（馬券を買う）	20歳	10年有効のパスポートの取得	18歳
選挙（投票）	18歳	飲酒	20歳
普通自動車運転免許	18歳	公認会計士の国家資格の取得	18歳

--- Column 2 ---

投票に行こう

　「誰に投票してもそれほど変わらない」「誰に投票してよいかよくわからない」「日曜日もバイトが入っている」など、投票に行かない理由はさまざまだと思います。また、そもそも住民票を移していないので、実家に戻らないと投票できないといった人もいるでしょう。

　確かに、わたし自身も投票締め切り時間ぎりぎりに投票を済ませて帰宅したら、もう選挙速報で「当選確実」が出ていて、なんだか行かなくてもよかったのではないかと感じた経験があります。しかし、投票行動は、当選した議員をけん制する意味もあります。たとえば、投票率が90％超で当選した場合と、50％前後で当選した場合とでは、当選した議員の活動に対する意識も随分と異なるのではないでしょうか。90％以上の有権者のなかから選ばれたとなれば、議員も多くの有権者から活動が見られているという意識がはたらくでしょう。しかし、50％前後の投票率であれば、有権者の半分は無関心なんだから、どんなに頑張ってもあまり評価されないと考えがちです。自分の支持した候補者が当選するかどうかも関心事でしょうが、投票率は議員の意識、やりがいにも大きな影響を及ぼします。緊張感をもってもらうためにも投票に行ってください。期日前投票なども利用して、有権者としての権利を行使していきましょう。

Chapter 3

学内でのトラブルへの対処
身近なトラブルにどのように対処するか

　入学したばかりの時期は特に気の緩みもあり、いろいろなトラブルに巻き込まれる可能性が高いといえます。学生の気の緩みにつけ込んで、あやしい団体に勧誘したり、不要なものを購入させたりするといった業者も存在するでしょう。入学時期は部・サークル活動の勧誘などで、他大学の学生など、外部の人も多いばかりか、SNS上でも活発な勧誘等が繰り広げられます。こうしたなかに、あやしい勧誘がないとは限りません。

　高校生までは、各クラスに担任の先生がいて、進路・進学相談、悩み相談にものってくれたことと思います。しかし、大学では一人ひとりの日々の様子を見守り、何かいつもと違う様子であれば声をかけてくれるという対応はありません。もちろん、大学にも困ったときの相談窓口は用意されていますから、さまざまな相談に応じてくれます。しかし、大学では「自分で相談に行く」という姿勢が求められます。

　総じて、トラブル・問題等はそのまま放置しておくと、悪化することのほうが多いと思われます。つまり、「なんかへんだ」「おかしい」と感じたら速やかに誰かに相談する、調べるなどの行動に移すことが重要です。

この章の到達目標

- □ 大学構内では、どのようなトラブル、問題が潜んでいるか、そしてそうしたことへの対応法を理解する。
- □ 軽率な行動から、大きなトラブルに発展する可能性があることを理解する。

知っておきたい関連法規

- ・著作権法 30 条（私的使用のための複製）

1　学びのためのウォーミングアップ

　さて、皆さんの先輩たちは、大学入学後にどのようなトラブルに見舞われることが多いのでしょうか。

　まずは、皆さんが先輩、友だちなどから、聞いたことのあるトラブルをあげてみましょう。「〇〇を買わされてしまい、慌ててクーリング・オフをした」「サークルだと思ったら、宗教団体の勧誘だった」など、入学したばかりの気の緩みのある学生をターゲットにした勧誘も多いと思われます。皆さんが聞いたことのあるトラブルをあげてみましょう。

第1部　入学から1・2年生までに遭遇しそうな危険・トラブル　31

演習1　聞いたことのあるトラブル

　図表3-1はおよそ9,000人の学生を対象とした「大学入学後に遭遇した消費者トラブル」に関するアンケート結果です。もっとも多いトラブルは下宿生への訪問販売契約によるものです。また、自宅生・下宿生合計では、アルバイト先での金銭・労働環境、SNSのやりとり、宗教団体からのしつこい勧誘、自転車による交通事故、自転車以外の交通事故、痴漢や大学外の人間関係でのセクハラと続きます。アルバイトによる就業やSNSの利用は、ほぼすべての学生に関係があると思います。つまり、身近なところにトラブルの余地が潜んでいるということです。

　初めて家族のもとを離れ、寂しさ、孤独から、声をかけてくる人に好意的に接してしまうという感情もあると思います。つまり、相手のことを客観的に判断・評価できなくなっている可能性があります。まだ親友もいないとき、どのように孤独と向き合えばよいのでしょうか。世界的なファッションデザイナーとして知られるココ・シャネルは、少女時代を孤児院で孤独に過ごしました。そんなとき、彼女の心を埋めてくれたのは読書だったそうです。寂しさ、孤独から他人のちょっとした好意を過大に評価し安易に不要なものを購入してしまうといったことのないよう、特に1年生のときには注意が必要です。そして、

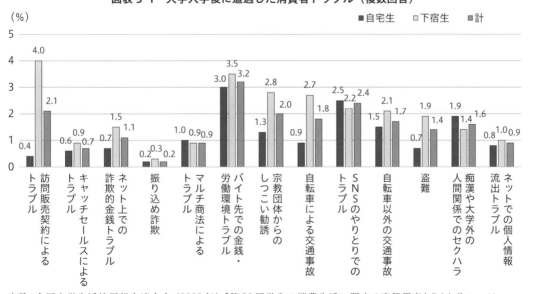

図表3-1　大学入学後に遭遇した消費者トラブル（複数回答）

出所：全国大学生活協同組合連合会（2022年）「第58回学生の消費生活に関する実態調査」P.14（https://www.univcoop.or.jp/press/life/pdf/pdf_report58.pdf）

孤独を回避するためにも、読書をお勧めします。

　こうしたトラブルに関しては、大学側でも、入学後のオリエンテーション等で注意喚起を呼びかけているようですが、最終的には自分の身の危険は自分で守るしかありません。自分で「おかしい」「あやしい」と判断し適切かつ冷静な行動をとっていかなければなりません。

　わたしは、大学ではアカデミック・ライティング、キャリアデザインなど、主に皆さんの入学時と卒業時に関わる授業を担当していますが、そのほか皆さんの学習、キャリアに関する相談に応じています。本来、学習やキャリアに関する相談を受け付けているのですが、人間関係、アルバイトなどに関する相談も珍しくありません。また、卒業生からは転職相談のほか、残業などの労働条件についての相談もあります。つまり、トラブル等が生じる余地はあちこちに点在しているということです。

　さて、【演習1】に取り組む際、どのように考えたでしょうか。「トラブル、トラブル……」と頭の中で唱えていても、なかなか出てこないものです。こうしたときには、「**分ける**」ことがコツです。たとえば、「部・サークル活動」「アルバイト」「交友関係」「授業」などとシーン別に分けて先輩たちのことを思い浮かべるとよいでしょう。

　大学生になったばかりで、浮かれていて、まだ社会に慣れていない立場の学生を食い物にする悪質な業者なども存在することは確かです。いわゆる「おいしい話」など、早々あるものではありません。話を聞いておかしいと思ったら、相手の勢いに屈することなく、**いったん保留にする**ことです。勧誘、契約で迷ったら、「いったん、帰って考えさせてください」といえばいいのです。それから大学の相談窓口や家族、友だちなどに相談してみるといいでしょう。安易にその場の勢いにのまれて、入会、契約することは避けてください。

　さて、ここでは皆さんが取り組みたいことに潜む危険、リスクをあげられる限り、書き出してみましょう。配達のアルバイトであれば交通事故に巻き込まれることもあるでしょうし、災害地へのボランティア活動に行けば自らがケガを負うこともあり得ます。

演習2 **取り組みたいことに潜む危険、トラブル**

取り組みたいこと	そこに潜む危険、トラブル	トラブルへの対処法

運転免許を取得し自動車を運転するようになれば当然ながら交通事故に巻き込まれる確率は高まります。運動系の部活動に取り組めば骨折などのおそれも出てきます。何かをすればリスクが付き物です。だからこそ、保険への加入、万一のときの病院の確認などが重要になってきます。未来の危険をすべて予測することは難しいですが、それらの危険に備えた対応をとることはできます。大切なことは、何かに取り組むとき、こうした危険、トラブルを予測したうえで、保険等の準備をしておいてほしいということです。多少のリスクはあっても挑戦したい。それは学生の特権でもあり、それが経験として、将来のキャリア形成にも生きていきます。大切なことは、トラブルへの感度を高めること、そして不測の事態の際、どのような対処法があるかを事前に把握しておくことです。こうした周到な準備を行い、たくさんのチャレンジをしてください。

2　トラブルを振り返る

　わたしたちは、あまりにも法律に対する知識が乏しいのではないでしょうか。これはトラブルが起きたとき、訴訟という解決法をあまり選択しない傾向が我が国の文化としてあるためでもあり、それはいい面でもありますが、どうしてもわたしたちは法律知識に疎い傾向があります。

　さて、あなたはこれまでの人生でどのようなトラブルに見舞われましたか。自然災害などの防ぎようのないもの、仲間同士での対立、盗難・詐欺など、何らかの被害にあわれた人もいるでしょう。ここで振り返ってみてほしいのですが、皆さんが見舞われたトラブルは人が関わっているものが多いのではないでしょうか。自然災害以外は、いずれも人が関わってます。つまり、**リスク回避、トラブル対策は、人への対応しだい**といえそうです。たとえば誰かがラクして稼げるアルバイトだと思わせるようなチラシを作ったり、巧みな話術で誘導しトラブルへと巻き込んでいくわけです。こうした意味で、**他者理解（人間理解）**の視点も重要になってきます。

　たとえば、皆さんは、次のような人に対して、どのような印象を持ちますか。

演習3　印象を書き出す

あまり良い印象は持たなかったのではないでしょうか。もちろん外見だけで判断できるものではありませんが、それでも相手の第一印象から受けとるイメージは重要です。

図表3-2はあくまで一般的なものですが、信用できそうもない人の特徴として、総じて同意してもらえるのではないでしょうか。

図表3-2　信用できない人とは…

信用できそうもない人の特徴
・いうことがコロコロと変わる
・時間にルーズ、約束を守らない、うそをつく
・人によって態度・対応を変える
・気分屋、責任感がない
・悪口・陰口が多い
・分不相応のブランドで着飾っている
・いつも足を組み偉そうに座っている

こうした立ち居振る舞いが見られれば、皆さんも警戒心を持つことでしょう。皆さんは、こうしてなんとなくであっても外見、話し方、あるいは話の内容から、あやしいと思って、そうした人のことを回避します。しかし、相手方もわたしたちの弱点をついてきます。たとえば、月末でアルバイト代が入るまで生活が厳しい、家賃を払わなければならないといった状況のとき、うまい儲け話が提案されたら、いかがでしょうか。つまり、相手もわたしたちの事情を察して、巧みな話術で説得してくるわけです。こうしたことに騙されない強い意思も大切です。

成人年齢に達して、大人の仲間入りをしたといっても、まだ大人社会のなかでは、皆さんは新人です。そのため、法律的な知識を持っていても、巧みな話術に騙されてしまったり、ちょっとした弱みに付け込まれてしまったりして、トラブルに巻き込まれてしまう可能性もあります。そのため、まず遭遇しそうなケースをもとに、どのような法律により守られているのか、どのようなことを主張できるのかをこのあとも学んでいきます。そして、そのうえでさらに、回避策、トラブルに巻き込まれたときの問題解決策などを考えていきます。つまり、「**法律理解＋問題解決力**」の双方を学ぶのが本テキストの最大の狙いです。

1回の事件、トラブルで人生が一変してしまうこともあります。こうしたことにならないよう、本テキストにて学んでいきましょう。

皆さんは、「**ハインリッヒの法則**」をご存知でしょうか。別名、「1：29：300の法則」ともいいます。これは、ハーバート・W・ハインリッヒというアメリカの安全技術者が提唱した労働災害の発生に関する経験則の考え方です。この比が示すのは、「1件のきわめて重大な事故のウラには、29件の軽微な事故があり、さらにそのウラには、300件ものいわゆる「ヒヤリ・ハット」（あやうく大事故に発展しかねなかった、小さな異常事態の発見）が起きている」というものです。これは工場での労働災害の発生数を調査したことで得られた経験則ですが、わたしたちの日常生活にも、大きなトラブルに見舞われる前兆のようなことがあるのではないでしょうか。こうしたシグナルをキャッチできるかどうかも大切です。

第1部　入学から1・2年生までに遭遇しそうな危険・トラブル　35

3 SNS によるトラブル

インターネット上では、誰でも容易に実名を隠していろいろなことを書き込めるため、根拠に乏しい情報、他人への誹謗・中傷などがあとを絶ちません。また、こうした情報は世界中で見ることもでき、コピー等も簡単なため、いったん拡散した情報は削除が難しいのが実情です。

そのため、著作権法、個人情報保護法のほか、次のようなインターネットに関する新たな法律も、いろいろと制定されています。こうした新たな法律の制定の動きからも、どれだけインターネット上のトラブルが拡大しているかを想像できると思います。総務省のホームページ『上手にネットと付き合おう！』には、「インターネットトラブル事例集」として、SNS、ゲーム、ショッピング、出会いなど、項目ごとに事例が紹介されています。こうしたサイトをブックマークしておき、トラブルに備えましょう。

法律名	内容
青少年インターネット環境整備法	18歳未満の子どもが有害な情報を見られないように、フィルタリングの普及や、事業者・サイト管理者に取り組みを求める。
不正アクセス禁止法	他人のパスワード・IDの無断使用や、ハッキング行為などを禁止している。
出会い系サイト規制法	18歳未満の出会い系サイトの利用を禁止している。
プロバイダ責任制限法	インターネット上での誹謗中傷などの権利侵害が発生した場合に、プロバイダ等が負う損害賠償責任の範囲や、被害者が発信者（加害者）を特定するために利用できる手続きなどを定めている。

法務省人権擁護局の調査によれば、2023年、新規に救済手続を開始したインターネット上の人権侵害情報に関する人権侵犯事件の数は1,824件と増加傾向にあります。このうち、プライバシー侵害事案が542件、名誉毀損事案が415件ありました（図表3-3参照）。

動画等を簡単に投稿することもできますが、相手を傷つけることにもなりかねません。また、インターネット上の問題に関しては、問題だと認識していないケースも見受けられます。さて、次のようなケースは、問題ないでしょうか。

演習4　ケースの問題を判断する（○×で解答）

No.	解答	問題
①		友だちが購入したゲームソフトをコピーしてくれたので利用した。
②		友だちといっしょに映った旅先での写真を、勝手に自分のブログに貼り付けて公開した。
③		放送中の人気番組の主題歌が、個人のサイトにアップロードされていたのでダウンロードした。
④		ニュース記事の本文と写真を勝手にコピーして自分のブログに貼り付けた。
⑤		スマートフォンで、自宅で撮影した写真の位置情報をインターネット上に公開した。

いずれも不適切な行動です（すべて「×」）。しかし、簡単な操作で行えること、法令違反等の認識が希薄なことなどから、さまざまな問題が生じています。①のケースは著作権に関するもので複製の方法によっては違法となります。著作権法30条1項では、「家庭

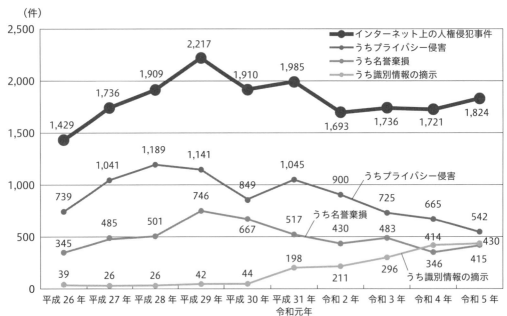

図表 3-3　インターネット上の人権侵害情報に関する人権侵犯事件の推移（新規開始）

資料：報道発表資料「令和5年における「人権侵犯事件」の状況について（概要）～法務省の人権擁護機関の取組～」（法務省）（https://www.moj.go.jp/content/001415625.pdf）を加工して作成
出所：厚生労働省『令和6年版厚生労働白書』P.50（https://www.mhlw.go.jp/wp/hakusyo/kousei/23/dl/1-01.pdf）

内その他これに準ずる限られた範囲内において」使用する場合に限り、私的利用目的の複製を認めています。ただし、公衆提供自動複製機器による複製の場合（業務用ダビング器の利用等）、技術的保護手段回避による複製（いわゆる複製ロック解除による複製）、違法送信を受信しての録音録画の場合は、私的利用でも認められないとされています。②のケースでは、友だちと旅行に行ったことを隠しておきたかったなどの事情があるかもしれません。親しい友だちでも必ず許可をとる必要があります。③のケースも複製に関するものです。音楽や映画の作品を作った作者（アーティスト）には、著作権が与えられています。著作権とは、著作権法という法律によって、無断で作品を利用（コピーやインターネットで送信することなど）させない権利のことです。但し、皆さんが自分自身で楽しむことを目的に、音楽や映画をパソコンなどでコピーする行為は、作者（アーティスト）に了解を得なくても、基本的に自由に行ってよいこととなっています。しかし、インターネット上にある音楽や映画の中には、作者（アーティスト）に無断で掲載（アップロード）されたもの（これを海賊版という）もあります。たとえ自分自身で楽しむことが目的であったとしても、海賊版の音楽や映画を海賊版であると知りながらパソコンなどに取り込むこと（ダウンロード）を「違法ダウンロード」といい、刑罰はないものの、違法な行為となります。④のケースも複製に関するものですが、「営利を目的とせず、個人として

楽しみで作っている」としても、インターネット上のホームページには、世界中のどこからでもアクセスすることができます。家族とか親戚、友人といった狭い範囲にはとどまらず、見知らぬ人も含めて大勢の人がホームページに接してきます。したがって、多数の人に読んでもらうことを目的に情報を発信していることになり、私的使用とはいえません。なお、⑤はスマートフォンなどの位置情報記録機能に関することです。スマートフォンなどで写真を撮ると、画像のほか、日時、撮影場所なども記録できます。何気なく撮影、公開した1枚から自宅がわかってしまうという危険性もあるわけです。

人権侵害ではありませんが、かつて大手コンビニ店にてアイスクリームが入っている冷蔵ケースに寝転んだところを撮影しSNSで拡散した事件もありました。このコンビニは、結局本社から契約解除を通達され、お店は閉店となってしまいました。軽はずみな行動としかいえませんが、これを不特定多数の人が見たら、世論はどのように反応するかを考えれば、こうなることも想像できたと思います。

仮に公開設定を友だちだけと限定していたとしても、それを友だちが勝手に共有してしまい、拡散するといったケースもあります。他人のあら探しをしたり、攻撃するネタを探している人も少なからず存在します。

写真、動画を公開すると、想定外のことも生じかねません。映っている本人たちに許可を得ることはもちろん、それが社会的に受け入れられる内容のものであるかを、常に自問自答してください。そして、そもそも、それはSNS上にアップしなければならないものなのか、それはどういう効果を狙ってのことなのかを精査してください。

ここでは、SNS上で想定し得るリスク、トラブル等を具体的にあげてみましょう。

演習5 **SNS上で想定し得るリスク、トラブルになりそうなこと**

自分にとっては些細なこと、問題とは認識しないことでも、相手にとっては、重要な問題かもしれません。他人のことを掲載する場合には、許可を得ることを徹底してください。お互いに傷ついたり、傷つけあって人間関係が崩壊することのないよう、留意してください。

また、最近はSNSを通じて友だちになることも珍しいことではありません。大学入学時、SNSを通じて同じ大学の学生を探すこともあります。承知しておいてほしいことは、そのなかには、なりすましている人もいる可能性があるということです。ふざけ半分でなりすましている人もいるかもしれませんし、詐欺のターゲットになる可能性もあります。会うまでは、軽率に住所、氏名、電話番号などの個人情報を教えることは控えたほうが無

難です。

さらに、SNSには、不確かな情報も含まれているということを忘れてはいけません。**溢れる情報から必要な情報を取捨選択し、そのうえで、情報の真偽を自分で判断しなければなりません。**こうした情報に対して、多くの人が賛同している、信じているという情報が積み重なっていくと、正しいものと信じる傾向があります。イギリスの哲学者フランシス・ベーコンはこのようなことを「市場のイドラ」と呼びました。SNS上の情報を読むとき、こうした「市場のイドラ」にも注意しなければなりません。

4 ネット依存

さて、皆さんは毎日、どのくらいの時間、スマートフォンを利用していますか。移動中の電車内、食事中などあらゆる場面で、スマートフォンを手放せない人も多いことと思います。株式会社イオレが運営する大学生に特化した広告やサンプリング、プロモーションの総合サイト「大学生広告ナビ」の調査結果によれば、1日のスマートフォン利用時間、1日のSNS利用時間は次のとおりです（図表3-4参照）。

5時間以上スマートフォンを利用している人が4割以上いることがわかります。仮に睡眠時間を6時間とすると、1日の活動時間のうち、およそ3割程度の時間をスマートフォン利用に充てていることになります。また、1日のSNS利用時間が3時間を超える人がおよそ3割います。

スマートフォンに関しては、歩きスマホなど、さまざまな問題も生じています。自分の健康、安全を考えて、時間を決めて利用する、利用しない時間帯をつくるなど、意識的な対応が求められます。視力低下等にもつながりますから、長時間利用はリスクともなり得

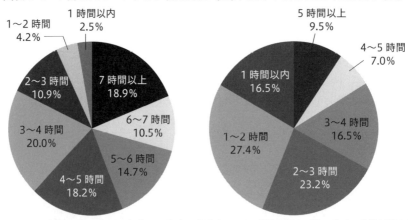

図表3-4　1日のスマートフォン利用時間（左）、及び1日のSNS利用時間（右）

出所：株式会社イオレ（2023年3月13日）「2022年度　大学生のSNS利用率調査／使い分けの実態が明らかに大学生広告ナビ」（https://daigaku-koukoku.com/contents/report/00040.html）

第1部　入学から1・2年生までに遭遇しそうな危険・トラブル　39

ます。自分なりのルールを作り、長時間利用を避けるようにしましょう。

5 ▶ キャンパス・ハラスメントへの対処

　大学では部・サークル活動、アルバイト、ボランティア活動等を通じて、多くの立場の異なる人たちとの接点を持つことになります。もちろん、皆さんの成長にあたって大変有意義なことですが、注意も必要です。先輩・後輩といった上下関係を利用したパワー・ハラスメント、ゼミなどで教員がその地位や立場を利用して学生に行うアカデミック・ハラスメントなど、大学生活のなかで生じるハラスメント行為を、総称してキャンパス・ハラスメントなどと呼んでいます。

　難しいのは、友だち同士の何気ない会話でも、ハラスメントとなり得るということです。「今日は女らしいねえ」「今日の服装はいいねえ」などのことばがハラスメントになり得るケースもあります。他者との交流が希薄化して、深い人間関係を構築することが難しい時代です。だからこそ、相手との対話の「行間」を理解しながら、相手がいわれて嫌なことなどを把握していく必要があります。つまり、気を付けないと無意識のうちに加害者にもなり得る可能性を皆さんが持っているということです。これを忘れないでください。

　たとえば、次のような相手の言動を、前向きに受け止めてくれればいいですが、後ろ向き、批判的に受け止められてしまうということもあり得ます。相手がネガティブに受け止めたときのことを考えてみましょう。

演習 6 ▶ 相手の受け止め方を考える

いわれたこと	前向きな受け止め	批判的、後ろ向きな受け止め
例：がんばったねえ	労ってくれたんだと思い、感謝する	がんばっても、この程度かといいたいのか
また、会いたいですね	気も合うので、ほんとうにそう思っている	
文字がきれいですね	褒めてくれている	
いつもと違うね	よく見てくれている	

　同じことをいっても、相手によって受け止め方はさまざまです。その違いは相手との関係性にあります。好意的に思ってくれていれば、「褒めてくれているんだ」と前向きに受け止めてくれるでしょう。しかし、あまりよい関係性でなかったり、相手が体調もわるく

落ち込んでいたりすれば、好意的に受け止めてもらえないこともあります。普段からの関係性づくりがとても大切です。また、批判的に受け止められないよう、最初から「ほんとうに褒めているんだよ」などと伝えることも有効です。

さて、教員から学生へのアカデミック・ハラスメントとは、教育・研究の場において、その立場を利用して、不適切な言動・指導を行い、その指導を受ける学生に就学・教育・研究上または就業・職務遂行上の不利益を与え、その環境を悪化させる行為です。具体的には、次のような行為です。

・特定の学生に研究指導を行わない

・研究内容や専攻の変更を一方的に強要する

・理由もなく論文・レポート等を受領しない

・進学、就職等に必要な書類（推薦状など）を作成してくれない

・教員が好意をほのめかすメールを何通も送る

このようなハラスメントを受けた場合には、相手に不快を感じたということを伝える、不安を感じた相手と2人になるような状況は避けるなどの対処が必要です。

また、大学では、こうしたハラスメントに対して、ポスターの掲示などによる啓発活動、教職員研修の実施、相談窓口の設置などが行われています。万一の際には、こうした相談窓口に行き、専門家のアドバイスを受けましょう。

6 学習・探究活動でのトラブル

探究活動にあたっても、守るべきことがあります。文部科学省では、「研究活動における不正行為への対応等に関するガイドライン」を策定し、学習や研究に取り組む際に守るべき心得を正確に理解し、それらを確実に実践することを求めています。

（1）学習や研究を進めるにあたって

学部生であっても、授業やゼミで課されるレポート、論文作成にあたっては、著作権等、守るべきルールがあります。

まず、学習や研究を進めるにあたっては、次の態度が求められます。

誠実さ	自分自身のアイデアや言葉を用いること。他人のアイデア等を使用する際には、そのことを的確に示すこと。
正直さ	情報を正直に伝え、自分の立場をとりつくろうような虚偽を述べないこと。
正確さ	得られた結果を誤りなく正確に伝えること。
客観性	事実をありのままに表現して、先入観や思い込みを含めないこと。
再現性	誰が実験等をしても同様の結果が得られること。
透明性	グループでの研究においては、自由に意見を出し、相互に批判できるような体制作りに努めること。

第1部　入学から1・2年生までに遭遇しそうな危険・トラブル　41

　これらのことを順守するためには、準備と段取りが重要です。予め計画を立てて、適切な手順を踏むことが重要になっていきます。

　無計画に成り行きで研究を進めていくと、データをまとめる頃になって自分の計画が不十分であることが判明し、それを取り繕うための修正をはじめることになります。こうしたことが、「不正」という深刻な事態を呼び起こすことになります。学習や研究を開始する場合には、事前に緻密な計画を立て、指導教員にも相談にのってもらいながら、確かな成果が得られるよう、努めてください。

(2) データの正しい取り扱いについて

　当然のことながら、研究成果には、「正確さ」が求められます。正確さに欠けるデータや虚偽の記述は、不正につながる可能性があります。自分の学習や研究が正しく行われたことを証明するために、記録・保存を含めて適切なデータ管理に努めてください。データを正しく扱うために以下の点について心得ておきましょう。

> ・データは正確に表記する。また、データで示されている範囲で結論を述べるようにする。
> ・自分の期待する結果を出そうとして、都合の良いデータ解析をしない。
> ・自分の研究の意義をアピールするには、先行研究に基づいて公正な立場で評価する。
> ・観察結果に関して、偏見を持った考察を行わない。
> ・研究過程や結果を研究ノート（電子ファイル含む）に正確に記録しておく。
> ・研究ノート、貴重な研究データ、研究資料を一定期間、保管しておく。
> ・既に発表した研究記録や、他の研究者にとって有用な研究記録を後日見返せるように保管しておく。

(3) 人を対象とした研究領域で特に留意すべき倫理事項

　何かを検証するため、アンケートをとることがあります。「学生」「〇市に住む小学生」など、対象を絞って、質問紙を渡し、アンケートに答えてもらうものです。こうした場合には、次のようなことに注意しなければなりません。

・インフォームド・コンセント（事前に説明をし、同意を得ること）の必要性
　研究活動に協力・参加する人・機関等に対しては、必ず事前に説明をして不利益を与えないよう、当該研究についての了解を得ておく。

・協力者らのプライバシー、個人情報の保護
　協力者らのプライバシーを侵害したり、調査・実験で得た個人情報を漏らしたりしない。

(4) 不正行為をしない

　学習や研究は、不正がなく正しい方法で実施されてこそ、はじめて価値あるものとなります。次に掲げる行為は、学習や研究の価値を否定する、不正行為です。絶対に行っては

いけません。なお、自身の行為が不正行為に該当するかどうか、疑問に思った場合、速やかに指導教員に相談してください。

捨造 （ねつぞう）	存在しないデータ、研究結果等を作成すること。 【事例】実験、調査、インタビューなどを実施していないにもかかわらず、あたかも実施したかのように架空のデータや検証結果などを作りあげ、レポートや論文などに記載するなど。
改ざん	研究資料・機器・過程を変更する操作を行い、データ、研究活動によって得られた結果等を真正でないものに加工すること。 【事例】論文に掲載する画像、データ、グラフなどについて、研究者が証明しようとしている結論に無理に合わせるため、都合の良いように書き換えるなど。
盗用	他の研究者のアイデア、分析・解析方法、データ、研究結果、論文又は用語を当該研究者の了解または適切な表示なく流用すること。 【事例】①活字媒体（書籍・雑誌等）やWEBサイト等に掲載された他人の文章（無署名であっても）や資料等を出典を示さずにそのまま使い（コピー＆ペースト）、レポート・論文を作成する、など。②引用した部分を具体的に示さず、レポート・論文の最後に「○○参照」などと簡単に触れるにとどめる、など。③他人が作成した文章をあたかも自分が作成したかのように見せかけて、レポートや論文を作成するなど。

なお、試験でのカンニングなどによる不正行為も、ある意味では盗用です。不正行為が確定すれば、それぞれの大学にある学則にて厳しい処分を受けることになります。大学とは本来、研究機関であり、研究にとって盗用を含めた不正には厳しく対処していくという姿勢の表れです。不正行為が確定すれば、当該年度の全履修科目の成績が無効になるなど、厳しい処分となります。これは留年のリスクを高めることにもなります。

7 あなたが加害者になることも

さて、法律を学ぶというと、想像するのは、万一詐欺にあったり、友だちに貸したお金が返ってこないなど、被害者の立場を想像すると思います。しかし、皆さんが加害者になることもあり得ます。たとえば、自転車で通学途中、スマホを見ていたら、歩行者に気づかずに衝突してしまったなどというものです。こうなると、歩行者への損害賠償のほか、被害者が死傷することになれば、重過失致死で起訴されることになります。

「リスクを低減する」とは、皆さんが被害者にも加害者にもなることを回避するものです。

・被害者になることを回避する（トラブルからの回避）
・トラブルに見舞われたときに最小限度にとどめる
・加害者にならない（法令・規則等を守る）

本テキストで目指すことは、学生生活において、比較的多くの学生が行っている活動を取りあげ、留意すべきこと、関連法規を案内するとともに、トラブル、リスクをどのように回避したり、予測すればよいかを重点に学んでいきます。そのためには、次の2点が重要です。

・自分を取り巻く諸問題に関する法律の理解
・トラブルの事前回避、遭遇したときの対処法

　2023 年、本人の軽率な行為が大きな反響を呼んだ事件がありました。大手回転寿司チェーンでお醤油さしやほかのお客さまのお寿司を舐めて、それを SNS 動画に流したというものです。皆さんもよく覚えていると思います。当初は店舗側がおよそ 6,700 万円の損害賠償を求めて裁判所に提訴しましたが、最後は調停、和解が成立しました。そのほか、加害者は器物損壊の容疑で書類送検されました。

　加害者当人は軽い気持ちで、ふざけ半分に行ったものと思います。まさかこれほど大きく報道されるとは思ってもいなかったのでしょう。大人になる皆さんに伝えておきたいことは、**行動の結果を予測**してほしいということです。ちょっとした軽率な行動の代償は大きいといわざるを得ません。

　加害者にならないためにも、結果を予測した言動をお願いいたします。皆さんの言動により、傷ついたり、迷惑を被る人が出ることのないようにしてください。

　皆さんを空港の飛行機にたとえれば、いま滑走路にいて、離陸の合図を待っている状態だと思います。社会という大空に飛び立つ前、大学という教育機関にて、いろいろな準備をしている状態です。ここで躓いてしまうと、希望どおりの離陸ができなくなってしまう可能性があります。法律、ルールを守り、社会に出る準備をしましょう。

8 違法薬物

　近年、若者を中心に大麻による検挙者が急増しています。「人口 10 万人当たりの大麻事犯検挙人員の推移」を見ても、20〜29 歳の検挙人員がもっとも多い結果となっています（図表 3-5 参照）。大麻使用のきっかけや動機は「誘われて」「興味本位で」などが多く、インターネットなどでは「大麻は他の薬物より安全、害がない」「大麻は依存性がない、いつでもやめられる」「海外では大麻が合法化されているから安全」という情報もあり、警戒心を薄れさせていますが、そうした情報は誤りです。大麻の有害性や依存性などに関する正しい情報を知り、自分の身を守りましょう。

　警察庁組織犯罪対策本部『令和 4 年における 組織犯罪の情勢』によれば、大麻による検挙者数は、30 歳未満の若年層を中心に平成 26（2014）年以降増加が続き、令和 4（2022）年は、5,342 人と 3 年連続で 5,000 人を超えています。薬物事犯全体（覚醒剤事犯、大麻事犯、麻薬及び向精神薬事犯及びあへん事犯）での検挙者数は近年横ばいが続く中、大麻事犯の増加が薬物事犯検挙者数全体を押しあげています。

　大麻などの違法薬物は、使用することはもちろん、所持するだけでも犯罪となります。軽い気持ちで手を出すと、やめようと思ってもやめられなくなる依存症を招きます。誘わ

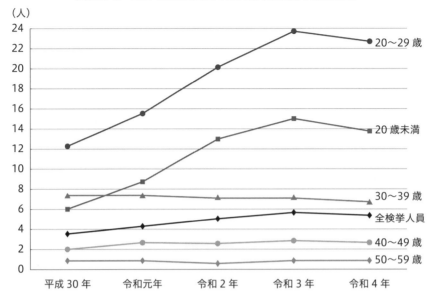

図表 3-5　人口 10 万人当たりの大麻事犯検挙人員の推移

出所：政府広報オンライン『若者を中心に大麻による検挙者が急増！「誘われて」「興味本位で」が落とし穴に』（https://www.gov-online.go.jp/useful/article/201806/3.html）

れても、きっぱり断ってください。

リスク回避、トラブル解決のためのノウハウ

- 大学入学直後はとくに消費者トラブル等に注意する。
- 他人の誹謗中傷、人格を攻撃するような行為や、自分の名前を公表できないような発言は絶対にしない。
- 一度投稿された動画、写真を完全に消去することは難しい。その認識をもって SNS 等を使うこと。
- 健康を考え、スマートフォンを利用しない時間を設ける。
- データの登用やねつ造は、社会的信用を失うことにもなる。引用のルールを守ってレポート、論文を作成する。
- 勧誘などに対して、その場で即答せず、迷ったらいったん保留にする。
- 大麻は使用することはもちろん、持つだけでも、犯罪になる。

▶ **参考文献**

齋藤孝（2022）『孤独を生きる』PHP 研究所。
北村弘明・天川勝志（2024）『Academic Writing』聖徳大学出版会。
総務省「上手にネットと付き合おう！」（https://www.soumu.go.jp/use_the_internet_wisely/）。

文化庁「最近の法改正について」（https://www.bunka.go.jp/seisaku/chosakuken/hokaisei/index. html）

Column 3

大学の内と外

　学内には学則、学外には法律等があり、わたしたちはそれぞれのルールに従って活動しています。そして、学生は学則の適用されるエリアと法律等の適用されるエリアを行き来しているわけです。そうであれば、ルールに合わせて自分たちの行動も切り換えていかなければなりません。しかし、友だち同士で会話も盛りあがり、学外でも道で横に広がって歩いたり、深夜に大声で話し、近隣の人に迷惑をかけてしまうことがあります。実際、大学には近隣住民から、さまざまな苦情が寄せられているようです。

　大学生という身分である前に、市民でもあります。大学構内を出たら市民としての行動規範が求められます。学生同士、お互いに注意しあって、近隣の方々に愛される大学になっていきましょう。

Chapter 4

アルバイトの労働条件

注意すべきチェックポイントを押さえる

　大学生になると、高校生のときよりも自由な時間が増え、また交際範囲も広がるため、出費も増えると思います。また親元から離れてひとり暮らしをしている人もいるでしょう。親元からの学費の援助はあっても交際費、部・サークル活動での合宿費などまで保護者に頼るわけにはいきません。そうすると、自分でお金を稼いでいかなければなりません。そのため、飲食店、塾などでアルバイトをはじめることになります。アルバイト先では、自分の役割を果たす、お客さま対応、スタッフ同士での協働力の発揮など、学ぶことは多いですし、卒業後の仕事理解にも役立ちます。そのほか、お金の管理なども学べることでしょう。しかし、社会経験に乏しい学生という立場につけ込み、無理を強いられてシフトをたくさん入れられたり、準備に相当な時間を要するのに、その時間は無給だったりとトラブルも多いようです。

　アルバイトは他大学の学生、社員など、普段と異なる人たちと交流できる機会ですし、何らかの商品・サービスを提供し、お金をいただくという仕事の基本を学ぶ絶好の機会です。こうした機会に、トラブルに巻き込まれないよう、就業前に確認すべきチェックポイントや労働者の権利・義務などについて、しっかりと学んでおきましょう。

この章の到達目標

- □労働法に関する知識をもったうえで、アルバイトに臨むことが重要であることを理解する。
- □応募の際のチェックポイントを理解し、労働条件通知書の条件を確認することができる。
- □不安に思ったり、困ったときには、速やかに適切な相談機関に問い合わせることができる。

知っておきたい関連法規

- 労働基準法15条（労働条件の明示）、20条（解雇予告）、24条（賃金支払の5原則）、32条（法定労働時間）、34条（休憩）、35条（休日）、36条（時間外及び休日の労働）、37条（割増賃金）、91条（制裁規定の制限）
- 民法521条（契約の締結及び内容の自由）、627条（期間の定めのない雇用の解約の申し入れ）、628条（やむを得ない事由による雇用の解除）
- 労働契約法16条（解雇）

第1部　入学から1・2年生までに遭遇しそうな危険・トラブル　47

・職業安定法5条の3*（労働条件等の明示）

1　学びのためのウォーミングアップ

　マイナビの「大学生のアルバイト調査（2024年）」によれば、およそ7割の学生がアルバイトをしています。それでは、皆さんは何のためにアルバイトをするのでしょうか。お金が欲しいから、楽しそうだから、社会勉強になるからなど、目的は人それぞれかもしれませんが、大学生の本分はあくまで学業ですから、アルバイトが生活の中心となって授業に出られなくなったり、そのために単位を落として留年したり、ましてや退学となるような事態は避けなければなりません。

　そのためにも、アルバイトを始める前にまず自分が履修している授業に影響が出ない時間帯かどうか、月々の生活費と奨学金、仕送り等の収支を計算してどれぐらいの金額をアルバイトで稼ぐ必要があるのかの見通しを立てる、タイムスケジュールを組むなど、学業とアルバイトの両立が可能かどうかをしっかりと考えてから応募するようにしましょう。

演習1　アルバイトで得たい収入額（月額）、確保できる労働時間（1週間あたり）

アルバイトで得たい収入額（月額）	確保できる労働時間（1週間あたり）

　収入の用途はともかく、まず毎月の必要額の目安を立てましょう。そして、そのためには、どの程度の収入と就業が必要なのかを計算してみてください。一定の睡眠時間をとり、授業にもすべて出席し、必要な予習・復習をするという前提で、確保できる労働時間以上の就業が必要であれば、別の方法を考えなければなりません。保護者からの仕送りを増やしてもらう、もっと家賃の安い部屋に引っ越す、春休み・夏休みなどの長期休暇にある程度の収入を確保する、支出を見直すなどです。授業に出席できなくなるほどアルバイトを入れてしまい、単位を取得できなくなってしまっては本末転倒です。

2　アルバイトを始める際のチェックポイント

（1）アルバイトも労働者

　アルバイト、パートタイマー、嘱託社員、契約社員、派遣社員などの労働者は、いわゆる「正社員」である正規労働者に対し、「非正規労働者」と呼ばれます。

---

*「職業安定法5条の3」とありますが、このように「枝番号」が付されている条文があります。これはその法令に改正があり、枝番の条文が後から追加されたものです。このような対応をとることで、この条文以降の条文番号をずらさずに済むわけです。

非正規労働者であっても労働契約を締結して働くわけですから、「労働者」であることに変わりはありません。「労働者」を保護する一連の法律を「労働法」と呼んでいます。実際には「労働法」という法律はなく、労働基準法や最低賃金法をはじめ、労働契約法、男女雇用機会均等法、労働組合法など、働くことに関するたくさんの法律を、ひとまとめにして「労働法」と呼んでいます。

それではなぜ、労働法が必要なのでしょうか。「雇われて働く、それに対し賃金を払う」という労働契約も私人間（労働者と会社）の契約であり、マンションを借りる契約、商品を購入する契約などと同様、民法の契約法に関するルールが適用になるのに民法だけでは不十分なのでしょうか。

我が国の市民法の基本法である民法では、「何人も、法令に特別の定めがある場合を除き、契約をするかどうかを自由に決定することができる。」（民法 521 条 1 項）と規定し、契約内容に関しても、「契約の当事者は、法令の制限内において、契約の内容を自由に決定することができる。」（民法 521 条 2 項）とし、契約内容についても、当事者間で自由に決められるものと定められています（**契約自由の原則**）。

ところで、次のようなやりとりはいかがでしょうか。

採用担当「学生ですか、時給 200 円なら雇います」
学生「はい、わかりました。お願いいたします」

これは適切な契約でしょうか。確かに「契約自由の原則」に基づけば適切といえなくもなさそうです。しかし、「時給 200 円」とは、適切な契約とはいえません。仮に 1 日 8 時間就業しても、1,600 円です。1 か月働いても 32,000 円（1 か月を 20 日間として計算）の収入しかありませんから、生活することは困難です。こうしたことが生じることのないよう、労働者を保護するための法律が労働法です。もし労働法がなければ、「契約自由の原則」の下、低賃金で働くことを余儀なくされることもあり得ます。

かつて我が国でも、児童が労働力として過酷な労働条件のもと、長時間労働を強いられていた時代がありました。憲法 27 条 3 項には、「児童は、これを酷使してはならない。」という規定があります。わずか 17 文字の規定ですが、学校にも行けず不衛生な環境下で働かされ、成長を妨げられていたことへの反省から規定されたものです。多くの児童の苦難のうえに、この規定があることを忘れてはなりません。また、子どもの権利条約は、世界の国々が話し合って決めた、子どもを守るための約束です。日本も含め、現在 200 近い国と地域が批准しています。

「歴史は、現在と過去との対話である」とは、イギリスの歴史家 E・H・カーの歴史哲学を語る精神です。ときにはわたしたちも、過去の過酷な事実を振り返り、先人たちの苦難を理解しなければなりません。

弱い立場の人を守るため、「契約自由の原則」を制限して一定の契約内容を強制するた

めの法律が労働法なのです。最低限の労働基準は労働基準法に、最低限の賃金は最低賃金法により定められています。労働基準法で定めた基準に達しない労働条件は無効と定められており、違反すると刑罰も科される法律です。

　前述の採用担当と学生とのやりとりの例では、国が最低賃金額を定めて労働契約上それを下回る賃金を定めることを禁止する最低賃金法に従う義務があります。

　個別の労働契約がこのような労働法が定める条件に反していないか、確認することが大切です。

(2)「労働条件通知書」の確認（応募の際のチェックポイント）

　アルバイト等、労働者を雇い入れる際、事業主は労働基準法で規定された労働条件を書面により明示しなければなりません（労働基準法15条、労働基準法施行規則5条4項）。これはアルバイト、正社員等の雇用形態に関係なく適用されます。この書面は、一般的に「**労働条件通知書**」と呼ばれています。しかし、厚生労働省「平成27年 大学生等に対するアルバイトに関する意識調査」によれば、労働条件を示した書面を交付していないものが58.7%もあり、そのうち働く前に口頭においてですら具体的な説明がなかったものが全体の19.1%ありました。つまり、およそ6割弱の学生が労働条件通知書を渡されていないことになります。しかし、労働条件が曖昧なまま就業すると、「仕事内容が想像と違っていた」「シフトの決め方が曖昧で授業に出席できなくなってしまった」などの問題が生じ、結局継続的にその職場で就業することが難しくなってしまいます。こうしたことを回避するためにも、労働条件通知書を求めるようにしましょう。なお、書面交付が原則ですが、労働者の同意があれば、メール等の電子媒体での交付も可能です。労働条件通知書のフォーマットは、厚生労働省のホームページにも掲載されています（**図表4-1**参照）。

　このように、労働契約締結にあたっては、労働者に労働条件をしっかり示すことが義務づけられています。特に次の8項目については、書面での明示が義務づけられています。

　ここでは、現在のアルバイトにおける自分自身の労働条件を確認してみましょう。

演習2　**労働条件の確認**

項目	内容	あなたの労働条件
①雇用期間	いつからいつまでか	
②勤務地	どこで働くのか	
③業務内容	どんな仕事内容なのか	
④勤務時間	シフト等の時間は	
⑤休日・休憩	何日か、何分か	

項目	内容	あなたの労働条件
⑥給料	時給・月給・交通費等	
⑦支払時期	賃金の支払日	
⑧退職・解雇	辞めるときの手続	

図表4-1　労働条件通知書

（学生アルバイト用）

アルバイトを始める際に、会社から労働条件を示してもらいましょう！
また、通知書は大切に保管しましょう！！

労働条件通知書

※シフトの設定（始業・終業の時刻、休日、勤務日など）に当たって、学業とアルバイトの両立に配慮してください。

＿＿＿＿＿＿＿＿＿＿殿	会社等の名称と所在地＿＿＿＿＿＿＿＿＿＿＿＿＿＿＿＿＿＿＿＿　年　　　月　　　日 使用者の職名と氏名＿＿＿＿＿＿＿＿＿＿＿＿＿＿＿＿＿＿＿＿＿＿＿＿＿	
契約期間	1　期間の定めなし　　　期間の定めあり（2～4は「期間の定めあり」の場合に記入） 2　契約期間（　　年　　月　　日～　　年　　月　　日） 3　契約の更新の有無　[自動的に更新する・更新する場合があり得る・契約の更新はしない・その他（　　　　　　　　）] 4　契約の更新は、次により判断する。[・契約期間満了時の業務量　・勤務成績、態度・能力・会社の経営状況　・従事している業務の進捗状況　・その他（　　　　　）]	
就業の場所		
従事する業務		
始業、終業の時刻、休憩時間、就業時転換、所定時間外労働の有無に関する事項	1　始業・終業の時刻等 　　始業（　　　時　　分）終業（　　　時　　　分） 2　休憩時間（　　　）分 3　所定時間外労働の有無 　　（　有（1週　　時間、1か月　　時間、1年　　時間）,　無　） 4　休日労働（　有（1か月　　日、1年　　日）,　無　） ※1　勤務シフトによる場合は、上記1を基本としつつ、勤務シフト表により定められた始業・終業時刻による。（なお、始業・終業時間を繰上げ・繰下げる場合もある。） ※2　変形労働時間制や交代制採用の有無（　有　・　無　） 　　有の場合、詳細は別途定める。 ※3　フレックス制などが労働者に適用される場合は別途定める。	
休日及び勤務日	1　勤務日：毎週　　　曜日、その他（　　　　　　　　） 　　（週毎に勤務日が定められていない場合は）週・月当たり＿＿＿日、その他（　　　　） 2　1年単位の変形労働時間制の場合ー年間＿＿＿＿日 3　休日：毎週　　　曜日、国民の祝日、その他（　　　　　　　　　）	
休暇	1　年次有給休暇　6か月継続勤務した場合ー　　　　　日 　　継続勤務6か月以内の年次有給休暇（　有・無　）ー＿＿か月経過で＿＿日 　　時間単位年休（　有・無　） 2　その他の休暇　有給（種類：　　　　　　）、無給（種類：　　　　　　）	
賃金	1　基本賃金　イ　月給（　　　　円）、ロ　日給（　　　　　円） 　　ハ　時間給（　　　　円）、ニ　その他（　　　　　円） 2　諸手当の額又は計算方法 　　（　　　手当　　　円　/計算方法：　　　　　　　） 3　所定時間外、休日又は深夜労働に対して支払われる割増賃金率 　　イ　所定時間外、法定超　月60時間以内（　　）%、月60時間超（　　）%、 　　　　　　　　　　所定超　（　　）% 　　ロ　休日　法定休日（　　）%、法定外休日（　　）%　ハ　深夜（　　）% 4　賃金締切日（種類：　　　　　）ー毎月＿＿日、（種類：　　　　　）ー毎月＿＿日 5　賃金支払日（種類：　　　　　）ー毎月＿＿日、（種類：　　　　　）ー毎月＿＿日 6　賃金の支払方法（　　　　　　　） 7　労使協定に基づく賃金支払時の控除（無　,　有（　　　　　　）） 8　昇給（　有（時期、金額等　　　　　）,　無　） 9　賞与（　有（時期、金額等　　　　　）,　無　） 10　退職金（　有（時期、金額等　　　　）,　無　）	
退職に関する事項	1　自己都合退職の手続き（退職する＿＿＿日以上前に届け出ること） 2　解雇の事由及び手続　（　　　　　　　　　　　　　　　　）	
その他	1　社会保険の加入状況（　厚生年金　　健康保険　　厚生年金基金　　その他（　　） 2　雇用保険の適用（　有・無　） 3　雇用管理の改善等に関する事項に係る相談窓口 　部署名＿＿＿＿＿＿＿　担当者職氏名＿＿＿＿＿＿＿＿　（連絡先　　　　　　）	

出所：厚生労働省「労働条件通知書」（学生アルバイト用）（https://jsite.mhlw.go.jp/
hokkaido-roudoukyoku/var/rev0/0127/1811/2017328152237.pdf）

すべての項目が埋まりましたか。後から「知らなかった」「聞いてないよ」といったことがないよう、しっかりと確認しておいてください。こうした**手間を惜しまない**ことで、後々のトラブルを回避することができます。

また、企業が働く人を募集する際、求人票や求人広告を出します。これらにも、業務内容、賃金、労働時間などの労働条件を記載しなければならないと規定されています（職業安定法5条の3）。

（3）知っておきたい労働条件
①法定労働時間・残業時間

労働基準法では、1日の労働時間は8時間以内、1週間の労働時間は40時間以内と定められています（労働基準法32条1項、2項）。ただし、36協定（さぶろくきょうてい）の締結など所定の要件を満たし、かつ、法所定の割増賃金を支払えば、これを超える労働（時間外労働）を適法に行わせることができます（労働基準法36条）。その際の法所定の割増賃金は次のとおりです（労働基準法37条）。

1日8時間または週40時間を超えた場合	通常の賃金の25％以上の割増賃金
1か月に60時間を超える時間外労働	通常の賃金の50％以上の割増賃金
深夜（午後10時～翌日午前5時）の労働	通常の賃金の25％以上

残業が深夜に及んだ場合は、「通常の割増賃金＋深夜割増賃金」が支払われることになります。たとえば、1か月の労働時間が60時間を超えない範囲で、時給1,200円のところ、深夜残業を2時間行えば、3,600円（1,800円×2時間分）となります。

②休日

使用者は労働者に対して、毎週少なくとも1回の休日を与えなければなりません（労働基準法35条）。学生の場合には授業があるため、あまり問題になることはないかもしれませんが、春休み・夏休みなどの長期の休みを利用してアルバイトをする場合には、この規定を思い出してください。なお、休日とは労働者が労働義務を負わない日で、土日祝日とは限りません。

③休憩

休憩に関しても、労働基準法に次のような規定があります（労働基準法34条）。上段は時間に関すること、下段は与え方に関することです。

・労働時間が6時間を超える場合：45分以上 ・労働時間が8時間を超える場合：60分以上
・途中付与（労働基準法34条1項） ・一斉付与（労働基準法34条2項） ・自由利用（労働基準法34条3項）

労働基準法では、労働時間に応じた休憩時間のほか、与え方に関しても規定し、労働者

を保護しています。したがって、休憩時間に食事をとりながら電話番をさせるといった行為は先の「自由利用」に反します。

④最低賃金

最低賃金法では、最低賃金の適用を受ける労働者に対し、その最低賃金額以上の賃金を労働者に支払わなければならないと規定されています。したがって、仮に最低賃金未満の金額で労働者と使用者が合意しても最低賃金より低い金額での契約は認められません。なお、最低賃金は各都道府県の実情に即した「生計費」「類似の労働者の賃金」「企業の支払能力」等を踏まえて、審議のうえ都道府県ごとに決められます。

それでは、自分自身のアルバイト先の時給が最低賃金以上かどうかを調べてみましょう。「**厚生労働省　地域別最低賃金の全国一覧**」を検索してください。

> 演習3　**あなたの勤務地の最低賃金**

このように基準となる最低賃金を調べると、自分の勤務先の時間給が最低賃金ぎりぎりであるとか、比較的高いといったこともわかると思います。

3 こんなときどうする－ケースで学ぶトラブル対応－

アルバイト先で比較的頻度の高いと思われるトラブルのケースをもとに解決策を考えていきましょう。

（1）なかなか給与を払ってもらえない

> バイト代は、毎月末といわれていましたが、月末になっても、「ちょっと待ってて…」といわれて期日を過ぎても支払ってくれません。

請求しても支払ってもらえないようであれば、最寄りの労働基準監督署に相談しましょう。賃金の支払いについては、「(1) 通貨で、(2) 直接労働者に、(3) 全額を、(4) 毎月1回以上、(5) 一定の期日を定めて支払わなければならない」（労働基準法24条）と規定されています（**賃金支払の5原則**）。

決められた給料日になってもアルバイト代が支払われていない場合、まずはアルバイト先に給料を受け取っていない、または、振り込まれていないことを伝えます。店舗の場合は、店長など現場の責任者に、オフィスの場合は人事など給料を取り扱う部署の担当者に確認します。このようにしてもアルバイト先から連絡がない場合、対応してくれない場合は、労働基準監督署に相談してみるといいでしょう。

こうしたアルバイト先では、仕入れ先などにも支払いが滞り、催促の連絡があったり、社員の人が辞めていくといった予兆もあり得ます。このようなことを見逃さないようにし

第1部　入学から1・2年生までに遭遇しそうな危険・トラブル　53

ましょう。

（2）「遅刻3回で減給」といわれた

> 遅刻はもちろんわるいことですが、3回遅刻したら、1日分のバイト代が給料から減らされていました。

　遅刻を繰り返せば、職場のメンバーにも迷惑をかけることになります。こうしたことに対して、減給処分を行うことは必ずしも違法ではありません。しかし、その処分にも制限があります。1回の減給金額は平均賃金の1日分の半額を超えてはなりません。また、何回ルール違反があっても減給の総額は一賃金支払期における賃金の総額の10分の1以下でなくてはなりません（労働基準法91条）。減給制裁がこの規定を超えているようであれば、やはり最寄りの労働基準監督署に相談してください。

　なお、遅刻は同じシフトのメンバーにも迷惑をかけます。また、職場で待っているメンバーに「事故かな…」など、無用な心配をかけることにもなります。やむを得ず遅刻しそうなときには、早めに連絡を入れるようにしましょう。

（3）「仕事前の準備は時給なし」といわれた

> アルバイト前や後に、店長の指示で、開店準備や後片づけを行っています。これも仕方ないことなのかと思って友だちに尋ねたら、その友だちのアルバイト先では、準備の時間も時給が発生しているそうです。わたしはもらえないのはおかしいと思います。

　仕事の準備、後片づけを店長の指示で行っている以上、アルバイト代を請求できます。また、「毎回15分未満は切り捨て」という時給の計算法なども法律違反です。こうした準備の時間もわずか10分程度でも、週3回、月12回行えば、結構な金額になります。「細かい」などと思われたくなくて、あまり指摘しないことと思いますが、正当な労働に対する対価ですから尋ねてみてください。

（4）シフトの変更を頼まれた

> 時々、シフトの変更のメールが送られてきます。メンバーの都合もあるから仕方ないと思っていたのですが、期末試験日にもシフトを入れられてしまいました。

　予め決められているシフトを変更するときには、事前に働く人と雇う人との合意が必要です。決められた期日以外にシフトを入れられて、その日に予定があり就業が難しいなら、その旨を伝えましょう。そして、こうした連絡はできるだけ早めに入れることです。雇用者は連絡がなければ、大丈夫なんだと判断してしまうからです。

　勝手にシフトを変更するなど、法律的には問題です。しかし、労働者のなかに、シフト変更の依頼を頻繁にする人がいると、他のメンバーにも影響が出てしまいます。店長など

の責任者も、人手不足でシフトの調整に苦慮されていることと思われます。こうしたことにも配慮し、1時間だけなら協力できるなど、対案を示すことも職場への協力姿勢としては大切なことです。

(5)「アルバイトには労災が適用されない」といわれた

アルバイト中に、厨房でフライパンの油がはねて火傷を負ってしまいました。店長からはアルバイトだから、自分の健康保険で病院に行くようにと指示されました。

アルバイトでも、仕事中の怪我には労災保険が適用されます。仕事が原因の病気やけがで病院に行くときは、労災保険を使うことができます。また、通勤途中に駅の階段で転倒してしまい怪我を負ったなどの場合にも適用されます。これらの治療費は原則無料です。労災保険は正社員、アルバイトなどの雇用形態に関係なく、補償の対象となります。もちろん、1日だけの短期アルバイトにも適用されます。アルバイト先の人事・総務系部門への連絡、病院でも労災保険を使うことを伝えてください。なお、こうしたことを規定しているのが、**労働者災害補償保険法**です。

(6)「アルバイトにもノルマがある」といわれた

クリスマスのとき、ケーキ販売の短期アルバイトをしていました。アルバイトが終わった夜、売れなかったケーキについては、買い取ってもらうといわれました。これではアルバイト代がなくなってしまいます。

まず、買い取る義務はありません。何かノルマを課してその目標に達しなかった場合、買い取りを義務づけられては、労働者側としては収入の見込みも立たず、安心して就業できません。労働者の生活を脅かすような行為は、合理性を欠いたもので無効となります。当然のように買い取りを迫られると、そういうものかと思い込んでしまうことがあります。しかし、そうした強要に応じる必要はありません。

(7) セクハラを受けている

飲食店でのアルバイト先で、セクハラを受けています。店長が髪や肩に触れてくることがあります。仕事内容、人間関係には満足していて辞めたくないんですが、これ以上店長のセクハラがエスカレートするのが怖いです。

職場におけるセクハラとは、職場にて行われる、労働者の意に反する性的な言動・行為に対する労働者の対応によりその労働者が労働条件について不利益を受けたり、性的な言動・行為により、就業環境が害されることです。こうした職場におけるハラスメントを防止するため、事業主には対策を講じることが義務付けられています。

ハラスメントは、受け流しているだけでは改善されません。「やめてください」「いやです」という意思をはっきりと伝えることです。我慢したり、無視したりするという対処法

第1部　入学から1・2年生までに遭遇しそうな危険・トラブル　55

もありますが、事態をかえって悪化させてしまうことにもなりかねません。また、こうした意思を伝えても改善されないようでしたら、人事労務部門に相談しましょう。

(8) 突然、「明日から来なくていい」といわれた

アルバイト先から、勤務予定日の前日、「明日から来なくていいよ」といわれました。いきなりいわれても、次のアルバイトがすぐに見つかるわけではないですから大変困っています。

アルバイトであっても雇用されている労働者です。したがって、簡単に解雇できるわけではりません。解雇が有効な場合でも、解雇を行うには、少なくとも30日前の予告か、30日分以上の平均賃金（解雇予告手当）を支払わなければなりません（労働基準法20条）。また、「1回遅刻しただけで解雇といわれた」など、社会通念上相当であると認められない場合もその解雇は無効となります（労働契約法16条）。

解雇予告も解雇予告手当の支払いもなく、突然解雇を告げられて困っているなどの場合には、最寄りの労働基準監督署に相談してください。

(9) 辞めたいのに、辞めさせてもらえない

そろそろ就職活動を本格化させたいので、「来月末まででアルバイトを辞めたい」と店長に伝えたら、「辞めるなら代わりの学生を見つけてくること」といわれました。ほんとうに代わりを見つけてこないと、辞められないのでしょうか。

原則として、労働者は退職をいつでも申し入れることができます。そして、会社側はそれを引き留めることはできません。退職の申し入れについては、次のような規定があります。

| 期間の定めのない雇用（民法627条） | 退職の申し入れをしてから、2週間を経過すれば辞めることができます。やむを得ない事由があるときは、各当事者は直ちに契約の解除ができます。 |
| 期間の定めのある雇用（民法628条） | 原則として中途解約はできませんが、やむを得ない事由があるときは、各当事者は直ちに契約の解除ができます。 |

期間の定めのない雇用の場合、法律上は「2週間前までに退職の意思を伝えればよい」ということになっています（民法627条1項）。また、近年は「ブラックバイト」という、アルバイトを正社員なみに働かせたり、サービス残業を強いられたりするケースがありますが、「労働条件が事実と違う場合、即時解除できる」と定められており、即辞めることが可能です（労働基準法15条2項）。期間の定めのある雇用の場合は、法律上「やむをえない事由」がない限り、原則として期間満了前に辞めることはできません。ただし、雇用期間が「1年以上3年未満」の契約の場合、1年経過すると自由に退職が可能となります（労働基準法137条）。また、有期雇用の場合でも「労働条件が実態と違う」「妊娠や出産」「自身の病気や家族の介護」といった「やむをえない事由」があれば、期間満

了前に退職できます（民法628条）。

　このように、契約期間により、退職までの期限も異なりますので、労働条件通知書の重要性を再認識できたと思います。

　期間の定めのない雇用の場合、民法上、退職日の2週間前までに伝えればよいとなっていますが、人手不足の状況が続いているなか、新たに採用するには、時間も費用もかかります。「飛ぶ鳥後を濁さず」などといった諺もありますが、法律とともに、相手に対する感情の配慮も大切です。新たなアルバイト先が見つかった、就職活動で忙しくなるなど、わかった時点で、責任者の方に早めに伝えるようにしましょう。

　また、「続ける」「辞める」の二者択一ではなく、第3の選択肢を模索することも考えましょう。たとえば、どうしても続けてほしいと店長さんにいわれて、自分としても少しくらいなら就職活動と並行できるということであれば、週1回勤務などを申し入れるということもできます。法律の順守は当然ですが、現場の実情に即した、相手の感情への配慮も忘れないでください。

　ここまでさまざまなアルバイトでのトラブル解決法を学んでまいりましたが、アルバイトをしていて、ケースのようなことに遭遇して困ったときには、最寄りの労働基準監督署に相談してください。

・厚生労働省ホームページ「全国労働基準監督署の所在案内」
・労働基準監督署が閉庁している夜間及び休日の場合：
　「労働条件相談ほっとライン」（フリーダイヤル 0120-811-610）を利用
　　開設時間：月〜金：17:00〜22:00　土・日・祝日：9:00〜21:00
　※）12月29日〜1月3日を除く
　※）日本語のほか、13言語に対応している

　ここで、相談する際のポイントを押さえておきましょう。いいたいことをたくさん話しても相談相手に伝わるとは限りません。こうしたときに役立つのが 5W1H です。相談するレベルでなくても、困ったこと、悩んでいることなどはあると思います。それを整理し、できれば友だち同士などでペアとなりお互いに伝えあってみましょう。

演習4　5W1H を使った相談内容の整理

困っていること （相談概要）	

整理すると…	
When（いつ） いつから問題が発生 しているか	
Where（どこで） どこで問題が発生し ているか	
Who（誰と） 誰が関わっているの か	
What（何を） 何が問題なのか	
Why（理由） なぜ問題が発生する のか	
How（内容・程度） どのような（どの程 度の）問題なのか	

　このように整理してから話すと、相手も相談内容を理解しやすくなり、結果的により的確なアドバイスをもらいやすくなります。また、問題を整理することにより、自分自身でも当該問題を客観視できるようになります。どこに問題があるのか、何がよくなかったのかなども、わかってくると思います。こうした状況の整理は、問題解決力を鍛えることにもなります。

4 労働者としての義務

　アルバイトをするには前述のような労働者としての権利がある反面、当然に義務も伴います。アルバイトをする際には社会人として行動することが求められます。身分は学生かもしれませんが、仕事をする際は社会人であるという意識の転換が必要です。

（1）法令順守

　仕事中は仕事以外のことをしない（**職務専念義務**）、業務上知りえた秘密については口外しない（**守秘義務**）などのコンプライアンス（**法令順守**）の意識が求められます。アルバイト先のレストランに訪れた有名人のことをSNSに勝手にアップすれば、プライバシー権の侵害や名誉棄損になるおそれもあります。SNSの普及により撮影した動画を簡単に投稿することができます。これまでにも、飲食店の冷蔵庫などに土足で入ったり、食材で遊んでいるところを投稿したり、有名人が来店したことを暴露し、炎上した例もありました。

　図表 4-2 はここ数年の飲食店等での迷惑行為です。ニュースでもしばしばこうした様

子が放映されましたが、この活字だけを読んでも、常軌を逸した行動であることは明らかです。深夜になると、友だち同士で気持ちも盛りがってくることがあります。こうしたときが要注意です。

図表 4-2　これまでに報道された主な迷惑行為

・カラオケチェーン店において、唐揚げを床に擦り付けた後に揚げる
・牛丼チェーン店において、動画上に「くびかくご」という文字を表示した上で、氷を投げたり、調理器具を下腹部に当てたりする
・回転寿司チェーン店において、ごみ箱に捨てた魚の切り身をまな板に戻す
・中華料理チェーン店において、中華鍋から上がる炎で口にくわえたタバコに着火する
・コンビニエンスストアにおいて、おでんの鍋のしらたきを口に入れて外に吐き出し、アイスケースに入る
・和食チェーン店において、下半身を配膳用トレーで隠してふざける
・ホテルにおいて、調理場シンクに入る

プライバシーの侵害による損害賠償、お店の営業停止期間の損害賠償などが請求されれば、数百万円から数千万円単位の損害を賠償していかなければなりません。そのときの軽はずみな行動の代償としてはあまりにも大きいもので、家族も巻き込んでいくこととなります。アルバイトでの就業中は、社会人であるとの自覚のもと行動してください。

(2) 学生アルバイトへの税金等

一般に会社に就職して給料をもらうようになれば所得税、住民税等の税金を徴収されますが、アルバイトで皆さんが稼いだお金にも税金がかかります。皆さんは「年収103万円（もしくは106万円）の壁」（106万円は従業員51人以上の企業で働く人が対象となる）とか「130万円の壁」ということばを聞いたことがあるでしょうか。通常、学生は学業を本分としており、収入がないとされているので親の扶養家族となっている場合がほとんどです。しかし、その扶養家族がアルバイト等で収入があり、その額が103万円（もしくは106万円）を超えてしまうと親の扶養から外れてしまいます。この場合、本人の所得税負担が生じると共に、親の税負担も増加して世帯で税負担が増えることになります。また130万円を超えると皆さん自身が社会保険に加入して保険料を支払わなければならなくなります。

収入が増えれば納税負担も求められるわけです。年末になって慌てることのないよう、毎月計画的に就業しましょう。給与が振り込まれたら Excel などを使って毎月、支給額と振込額を入力しておくと便利です。

⑤ 闇バイト

SNS やインターネットの掲示板には、仕事の内容を明らかにせずに著しく高額な報酬の支払いを示唆するなどして犯罪の実行者を募集する投稿が掲載されています。簡単に高

第1部　入学から1・2年生までに遭遇しそうな危険・トラブル　59

収入を得られるならと安易に応募して強盗や詐欺といった犯罪に加担することとなり、逮捕される人が多くいます。また、一度加担してしまうと、「やめたい」と思っても応募したときに登録した個人情報をもとに、「家に行く」「周囲の人に危害を加える」と脅され、逮捕されるまで抜け出せません。犯罪グループは雇った人を都合よく利用した後、「捨て駒」として切り捨てます。そして、待ち受けているのは重い刑罰です。

警察庁より発行されている非行防止・広報啓発活動従事者用資料「犯罪実行者募集の実態」によれば、募集文言として、次のようなことばが使われています。

- ・「高額収入」　・「高額バイト」　・「安全に稼げます」
- ・「1件10万〜、2件いけたら20万」　・「犯罪ではありません」　・「学生可能」
- ・「初心者大歓迎」　・「国対応」　・「保証金なし」
- ・「営業で地方へ出張する仕事」　・「リスク無し」
- ・「詳しくはDM」　・「ホワイト案件」　・「高校生でもいける」
- ・「詐欺ではありません」　・「誰にでもできる簡単な仕事」　など

SNS上でこうしたことばを見たら、絶対に応募は避けてください。なお、「闇バイト」と気づかずに、申し込んでしまったなどの場合には、**警察相談ダイヤル「#9110」**または最寄りの警察署に相談しましょう。

6 カスタマーハラスメント

皆さんのなかにも、飲食店、スーパーなどでのアルバイトで、お客さまの態度に苛立ちを感じたり、到底無理な要求に困惑されたりといった経験がある人も少なくないでしょう。こうしたお客さまへの対応で落ち込んだり、緊張したりということが続くと、精神衛生上もよくありません。

図表4-3は、過去3年間の各ハラスメント（パワハラ、セクハラ、妊娠・出産・育児休業等ハラスメント、介護休業等ハラスメント、顧客等からの著しい迷惑行為（カスタマーハラスメント）、就活等セクハラ）の相談件数について、企業に調査したものです。「顧客等からの著しい迷惑行為（カスタマーハラスメント）」のみ、「件数が増加している」の割合のほうが「件数は減少している」より高くなっています。つまり、お客さまからのカスタマーハラスメントは確実に増加傾向にあります。こうした状況から東京都では、「何人も、あらゆる場において、カスタマーハラスメントを行ってはならない」と条例も定めました。

図表 4-3　過去 3 年間に相談があった企業における相談件数の推移（ハラスメントの種類別）

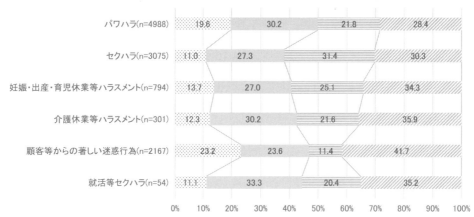

（対象：過去 3 年間にハラスメントに関する相談があった企業　パワハラ：n=4,988、セクハラ：n=3,075、妊娠・出産・育児休業等ハラスメント：n=794、介護休業等ハラスメント：n=301、顧客等からの著しい迷惑行為：n=2,167、就活等セクハラ：n=54）

出所：厚生労働省（2024 年 3 月）『令和 5 年度 厚生労働省委託事業 職場のハラスメントに関する実態調査報告書』P.33
（https://www.mhlw.go.jp/content/11910000/001256082.pdf）

　カスタマーハラスメントとは、お客さまから就業者に対する、著しい迷惑行為であり、就業環境を害するものです。そして、著しい迷惑行為とは、暴行、脅迫その他の違法な行為又は正当な理由がない過度な要求、暴言などの不当な行為をいいます。具体的には、次のようなものがあります。

①身体的攻撃、②精神的な攻撃、③威圧的な言動、④土下座の要求、⑤執拗な（継続的な）言動、⑥拘束する行動、⑦差別的な言動、⑧性的な言動、⑨個人への攻撃や嫌がらせ

　こうした行為は、犯罪行為である可能性もあります。しかし、一度ヒートアップした状態のお客さまに冷静さを取り戻してもらうことは大変難しいものです。こうしたお客さまからの行為に対して、どのように対処したらいいのか、店長などの責任者にお店の方針をきちんと聞いておいてください。

リスク回避、トラブル解決のためのノウハウ💡

・労働条件通知書に就業にあたっての重要事項が記載されているので、これを丁寧に確認することがトラブル回避につながる。
・就業していて、困ったり、不安に思ったら、最寄りの労働基準監督署などに速やか

に相談する。その際は、5W1Hを使って簡潔に整理してから相談する。

・就業にあたっては、学生ではなく、大人・社会人であるとの意識の転換をはかる。

・労働者は雇用者と不平等な契約で就業することのないよう労働法で保護されている。その一方で、義務も負っているという自覚をもつ。

・いわゆる「おいしい話」などない。高額収入であれば、リスクも伴う。絶対に応募しないこと。

▶ **参考文献**

厚生労働省（令和4年版）「『働くこと』と『労働法』〜大学・短大・高専・専門学校生等に教えるための手引き〜」（https://www.check-roudou.mhlw.go.jp/daigakumukeshiryou/）

厚生労働省「確かめよう アルバイトの労働条件」（https://www.check-roudou.mhlw.go.jp/lp/arubaito/index.html）。

Column 4

1分単価は？

　楽しい時間はすぐに過ぎるのに、そうでない時間はなかなか経過しないものです。また、アルバイトをしていて忙しいときは、「あっという間に時間が経っていた」なんて経験もあるでしょう。

　ここでは、「1分単価」について調べてみましょう。

　まずアルバイトです。

1,200円 ÷ 60分 ＝ 20円（時給1,200円の場合）

　さて、この金額を見てどのようなことを感じますか。「意外と高い」「1分単価なんて考えたことがなかった」など、感想はさまざまでしょう。企業が皆さんを雇うとき、1分で20円以上の価値を発揮してくれないと、雇う意味がないわけです。また、こうした人件費、原材料費、賃料などを支払っても、これら費用を上回る売上があるから、その企業が継続し、皆さんも雇用されているわけです。

　次は大学の授業単価を出してみましょう。大学により、学費、授業回数・授業時間も異なるでしょうが、年間学費100万円、必要修得単位124単位（1科目2単位）、1科目15回、90分としましょう。

・4,000,000円 ÷ 62科目 ＝ 64,516円（1科目あたりの授業料）
・64,516円 ÷ 15回 ＝ 4,301円（1回あたりの授業料）
・4,301円 ÷ 90分 ＝ 47円（1分あたりの授業料）

　授業を休んでアルバイトに行ったとしましょう。仮に2時間働いて、2,400円（時給1,200円×2時間）稼いだとしても、授業を1回欠席すれば、4,301円の損失です。授業単価のほうが高いですから、稼いだつもりが、結果的に損をしているともいえます。

　アルバイトによって得るものは、お金以外にも、たくさんあります。しかし、授業を犠牲にしてまで稼いでいては本末転倒です。そして、結果的に損をしているということも理解してもらえたと思います。

　また、授業中、うとうとしてしまうことがあると思います。3分程度うとうとすると、およそ150円分の損失、つまりペットボトル1本分に相当します。

Chapter 5

消費者トラブルから身を守る
どうすれば回避できるか

　皆さんは「契約」に対してどのようなイメージを持っていますか。普段の日常生活で、「契約を締結した」という意識をもつような経験はあまりないと思います。しかし、皆さんがコンビニで買い物をするときには売買契約、楽曲のダウンロードをするときには売買契約や通信・サービス利用契約、衣類をクリーニングに出すときには請負契約が成立しています。このように日常生活のなかではさまざまな場面で無意識のうちに契約が成立しているわけです。

　日常生活における契約は通常、口頭でも成立しますが、いったん契約が成立すると両当事者の間でその契約を守らなければならない義務が発生し、他に約束がない限り、一方当事者から契約を一方的に解消できなくなります。そのため、契約をする際にはその内容をよく理解しておくことが大切です。また、悪質商法などに騙されないためにも、学生、若者に多い消費者トラブルについても学んでおきましょう。

この章の到達目標

- □契約に関する基礎知識をもち、未然にトラブルを防止することが重要であることを理解する。
- □消費者の権利や消費者を守る制度・法律についての理解を深め、自分で自分の身を守れるようにする。

知っておきたい関連法規

- ・民法4条（成年）、5条（未成年者の法律行為）、521条（契約の締結及び内容の自由/契約自由の原則）、621条（賃借人の原状回復義務）、622条の2（敷金）
- ・特定商取引に関する法律15条の3第1項（通信販売における契約の解除等）

1　学びのためのウォーミングアップ

　契約とは2人以上の当事者の意思表示が合致することによって成立する法律行為のことをいいます。契約は、ある者が相手に対してこういうことを約束したいという意思表示をして、それに対して相手方がその契約を受けるという意思表示をすることによって成立します。前者を「申込み」といい、後者を「承諾」といいます。**契約は「申込み」と「承諾」の意思の合致によって成立します。**冒頭のコンビニの例でいうと、あなたがコンビニ

でお弁当を買おうとしてレジで店員に対してお弁当を差し出せば、それは実際に口頭で「これをください」と口に出していうことはなくても、それは当事者の合理的意思解釈として売買契約の申込みをしたことになり、それに対し店員が「お預かりします」などといい、商品のバーコードを読み取れば、申込みを承諾したことになります。もっとも最近ではセルフレジを導入している店舗も多く、その場合には上記の行為を一人で行うことになりますが、「店員」が「セルフレジ」になったと見なすことになるだけで、ボタン操作に応答することで黙示的に「申込み」と「承諾」があったことになります。

　このように申込みも承諾も、口頭あるいはセルフレジを利用した黙示の意思表示に代えることもでき、契約の成立には、一部の契約を除いて契約書は不要です。コンビニで買い物をしたり、インターネットで商品を注文をしたりしますが、それらも契約書を交わさなくても契約は有効なものとして扱われます。つまり、契約書という書面は契約の成立と内容の証拠を示したものにすぎません。ただし、保証契約のように契約書等を契約の成立要件としている契約も存在します（民法446条：保証人の責任等）。

　それでは、契約に関するクイズにチャレンジしてみましょう。

演習1　契約に関するクイズにチャレンジ

①お店で買い物をするとき、契約が成立するのはいつか。
　ア）商品を受け取ったとき
　イ）代金を支払ったとき
　ウ）店員が「はい、かしこまりました」といったとき
②お店で商品を買ったが、家に帰ったら同じものがあったので不要になった。解約できるか。
　ア）解約できない
　イ）レシートがあって1週間以内なら解約できる
　ウ）商品を開封していなければ解約できる
③16歳の高校生が保護者に内緒で10万円の化粧品セットを契約した。この契約は取り消せるか。
　ア）取り消すことはできない
　イ）未成年者取消しが行使できる
　ウ）保護者が取り消しを求めたときのみ、未成年者取消しができる
④街中で呼び止められて、展示会場に行ったら勧誘され、断れなくて30万円の絵画を契約してしまった。これはクーリング・オフできるか。
　ア）事業者がウソをついて勧誘した場合には、クーリング・オフできる
　イ）絵画を飾るなど、商品を使用していなければ、クーリング・オフできる
　ウ）契約してから8日間であれば、クーリング・オフできる
⑤買い物をしたとき、後日に代金を支払うことになるのはどれか。
　ア）デビットカード
　イ）クレジットカード
　ウ）プリペイドカード

※解答は本Chapterの最後にあります

2 ▶ 生きることは契約すること

（1）民法と契約

　前述のとおり、契約とは、双方の意思表示によって成立する法的な約束です。その基本

的なルールは主に民法によって規定されています。民法は対等な当事者間を前提としています。そして、個々人は日々の生活において、自分の意思と責任の下に社会生活を営むことを原則としています。また、契約は口約束で成立します。しかし、契約後のトラブル、紛争を回避するため、賃貸マンションの契約、自動車の購入、英会話教室でのレッスンなど、高額な契約は、契約書を作成します。トラブルを回避するためにも、契約書を丁寧に読み、書かれている内容を確認し、契約書の記載内容に納得したうえで署名、押印することが大事です。また、契約書は必ず保管してください。

（2）契約自由の原則とその例外

現代社会において、契約を締結するかどうか、誰とどのような契約内容とするか、契約の方式をどうするかは、法律に違反したものでなければ、当事者の意思に基づいて自由に決めることができます。これを**契約自由の原則**（民法521条）といいます。この原則の背景には、個人が国家の干渉を受けることなく自由・平等であれば市場が形成されて活発な競争が起き、経済的利益が最大化するという資本主義の思想があります。

もっともこれによって、契約に関与するすべての人にとって利益が増大するわけではありません。それは契約の当事者は必ずしも、個人対個人、あるいは法人対法人という対等な関係にあるわけではなく、個人対法人という関係で契約をした場合には、両者の間には、情報量、資金力、交渉力等において圧倒的な格差があり、対等な関係同士の契約とはいえないからです。契約自由といっても、苛酷な労働条件による雇用契約、それは強者がその意思を弱者に押しつけるものにすぎない場合があるのです。そのため、内容決定の自由を制限して一定の契約内容を強制する法律が制定されています。

社会的・経済的に弱い立場にある者の保護を図るものとして、借地借家法、労働法などがあり、情報・交渉力の不均衡を考慮するものとして、消費者契約法、特定商取引法等があり、市場経済の基盤確保のためのものとして独占禁止法等の経済法があるのです。

なお、【演習1】①は契約の成立に関する設問です。契約は「申込み」と「承諾」の意思の合致によって成立しますから、店員が「はい、かしこまりました」といった時点が契約成立のタイミングとなります。

（3）契約は守るもの

いったん成立した契約は欠陥商品だったなどの理由がなければ、一方的にやめることはできません。【演習1】②の場合、お店は商品を渡し、お客さまが代金を支払うことを約束した契約です。商品が壊れていたなどの場合には返品できますが、そうでなければ返品はできません。但し、一般的には、レシートがあって商品が未使用の場合には、お店側が返品・交換に応じてくれます。これはお店側があくまでサービスとして行っているものです。したがって、返品に応じてくれないお店があったとしても、違法とはいえません。

（4）未成年者取消権

いったん自分の意思に基づいて契約をした後、一方的に契約をやめることはできま

せん。しかし、成人と比べて知識や社会経験が不足している未成年者は、適切な意思決定をすることが難しく不利益を被ることがあります。そこで、民法は未成年者を保護するため、未成年者取消しの制度を設けています。民法4条には「年齢十八歳をもって、成年とする」とあり、18歳未満の者（未成年者）が法定代理人（通常は親権者）の同意を得ずに結んだ契約は、本人または法定代理人が取り消すことができます（民法5条1項、2項）。すなわち現行法では、「18歳未満」という点のみで契約の拘束力から逃れることができます。取消しの方法は相手への意思表示によって行い、様式は問いませんが、通常は書面で通知します。【演習1】③は16歳の高校生が保護者に内緒で契約したものですから、本人または保護者はこの契約を取り消すことができます。

　なお、取り消すと契約は初めからなかったことになります。しかし、受け取った商品等は現状のまま返品し、使ってしまって残っていない場合には返す必要がありません。もっとも、それが生活必需品の場合は、返品した商品を使用していたことで当然支出したはずの出費を免れていると考えられ、その意味では利益が残っているといえるため、その分を消費者は返す必要があります。未成年でも、親から渡された小遣いの範囲で契約した場合や、成人してから代金を支払うなどして追認した（支払ったことで過去の事実を認めたこととなる）場合には取り消せません。また、自ら成年だと嘘をついた場合も取り消せませんが、事業者に指示されて18歳と契約書に書いた場合、インターネットで単に「18歳以上ですか」との質問に対し「はい」をクリックしたにすぎない場合などは取り消せることもあります。

　未成年者取消しの制度が適用されなくなることを狙って、18歳の誕生日直前から勧誘し始め、メールやSNS等により関係を継続し、誕生日を過ぎてすぐに契約をさせる悪質な業者もいるので注意が必要です。

(5) 契約をやめる（クーリング・オフ）

　【演習1】④は路上等で声をかけられ、店や喫茶店等に同行させて契約を締結する「キャッチセールス」の事例です。営業担当者に路上で、「ちょっとお時間ありますか」などと声をかけられて、断りきれずに店などへ同行すると、思いもよらぬ契約をしてしまい、後悔することがあります。突然声をかけられ絵画の話をされた場合、消費者にとっては不意打ちのことであり、熟慮する期間がないため契約をするための情報が不足しています。クーリング・オフは、このような状況の下で消費者が契約の申込みや締結をした場合、一定期間頭を冷やして考える機会を与える制度です。契約してから8日間であれば、クーリング・オフができます。クーリング・オフすると、消費者は受け取った商品を売主に返品し、支払った代金が全額返金されます。しかし、本来守らなければならない契約を解除できる強力な制度ですから、クーリング・オフできる販売方法は、**特定商取引法**によって定められています（図表5-1参照）。

　なお、図表5-1にある連鎖販売取引は複雑な契約であり、説明されたような利益や収

第1部　入学から1・2年生までに遭遇しそうな危険・トラブル　67

図表5-1　学生がトラブルにあいやすい販売方法とクーリング・オフ期間

販売方法	特徴	期間
訪問販売、キャッチセールス、アポイントメントセールス	不意打ち的に勧誘される（突然家に来る、突然路上で呼び止められる、突然電話があり呼び出される）	8日
継続的なサービス	語学教室・エステ・家庭教師・塾などの7業種。自分からお店に行って契約した場合でもクーリング・オフできる	8日
連鎖販売取引（マルチ商法）	先輩、友人、知人から「すぐに利益が出る」「人を紹介するとバックマージンが入る」などと誘われる。最初の目的はさまざまだか、金銭的負担を求められる	20日

※）期間は契約した日からです

入がないことに気づくまでに期間を要することから、クーリング・オフ期間が20日間となっています。

　また、ネットショッピングで洋服などを買うことも珍しくないと思います。ネットショッピングには、消費者が十分検討したうえで契約の申し込みを行っていると考えられるので、法律上のクーリング・オフ制度はありません。しかし、各ショップで独自に返品・交換の可否、その条件などについて定めていますから、注文前に利用規約などを確認するようにしましょう。そのような定めがなければ、商品引渡し又は特定権利の移転を受けた日から8日間は申込みの撤回又は売買契約の解除ができるという法定返品権を認めています（特定商取引に関する法律15条の3第1項）。

　クーリング・オフの効果と方法は次のとおりです。

効果	クーリング・オフでは違約金を支払う必要はなく、支払った額は全額返金される。消耗品（健康食品、化粧品等）以外の商品は使っていてもそのまま返せばよく、着払いで返品できる。工事の契約をして、その施工が終了していても代金を支払う義務はなく、「元に戻してください」ということもできる。
方法	書面（はがき等）又は電磁的記録（電子メール等）によって通知する。書面はコピーをとった上で特定記録郵便で発信し、電子メールは送信メールを保存しておくなど、証拠を残すことが望ましい。法定期間内に通知を出せばよく、事業者に届くのはクーリング・オフ期間を過ぎていても構わない（発信主義という）。

　なお、クーリング・オフを通知する場合、「親に反対された」「思っていたものと違う」などの理由はいりません。

　図表5-2はクーリング・オフの通知書見本ですが、はがきでも構いません。ただ、投函前に必ず裏面・表面ともコピーをとっておきましょう。また、郵便局の窓口で「特定記録郵便」か「簡易書留」など、発信の記録が残る方法で送ると確実です。特定記録郵便は聞き慣れないものでしょうが、郵便局にて郵便物を引受けたことを記録するもので、差し出した記録を残すことができます。

図表 5-2　クーリング・オフの通知書見本（はがきの場合）

3　暮らしとお金

　高校生までは、保護者からの小遣いが主たる収入だったと思いますが、大学生となりアルバイト収入が見込めるようになったことでしょう。つまり、自分で自由になるお金が増えたわけです。そのため、しっかりと管理していかないと月末にお金がなくなり、ほんとうに必要なものが買えなくなってしまうといった事態になってしまいます。また、クレジットカードを使ったり、カードローンなども利用できます。こうしたときの留意点を見ていきます。

(1) クレジットカード

　皆さんはクレジットカードを持っていますか。大学生になってはじめてクレジットカードを作る人も多いかもしれません。現金を持ち歩かなくて済む、後払いで買い物ができるなど、大変便利です。カード会社では、年会費無料、ポイントが貯まりやすいなどのメリットを宣伝し加入者を増やそうとしていますが、使い方によっては身を滅ぼすことにもなりかねません。

　【演習1】⑤はクレジットカードについての設問です。クレジットカードを利用した場合、まずカード会社が代金を立て替えて販売店に支払ってくれます。消費者は現金がなくても先に商品を入手することができます。そして、支払期日（引き落とし日）までに一

第1部　入学から1・2年生までに遭遇しそうな危険・トラブル　69

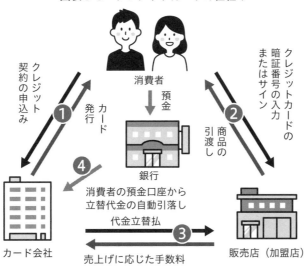

図表 5-3　クレジットカードの仕組み

括、もしくは分割でカード会社に支払うこととなります（図表 5-3 参照）。

支払方法	手数料
一括払い	なし
分割払い	あり
リボルビング払い	あり

リボルビング払いとは、月々の支払金額を一定額または残高に対して一定率に決めておいて支払うものです。毎月の支払額が一定という利便性もありますが、頻繁に利用していると、支払期日も長くなり、当然手数料もかさみます。

　また、クレジットカードを使えば、一定限度額までのキャッシングもできます。ほんとうに困ったときには大変便利ですが、あくまで借金です。また、金利も3％〜18％前後と、決して低くはありません。たとえば、20万円を金利17％で借りて、毎月5,000円ずつ返済したとしましょう。利息の返済方法には、主なものに元利均等返済（毎回の返済額が同額）があります。年利とは1年間借りた場合の元金に対する利息の割合のこと（ローン利用の対価）です。20万円を年利（金利）17％で借りた場合、1か月にかかる利息は、20万円×0.17÷12＝2,833円（小数点以下切り捨て）、5,000円返済すると2,833円が利息の返済に、2,167円が元金の返済に充てられます。つまり、毎月5,000円返済しても、5,000円ずつ元金が減っていくわけではなく、元金にまた利息が付くので返済期間が長くなれば返済総額は高くなります。この計算を繰り返し、元金が0円となるには、毎月5,000円ずつ5年間（60か月目は残元金端数）返済し続け、約29万円の返済をすることになります。

　なお、カード会社への「支払日」に、口座にある金額が請求額より少ないと、支払いが遅れて遅延損害金を支払うことになります。クレジットカードだけでなく、他の後払いで

も、支払いが遅れると遅延損害金を支払うことになります。クレジットの支払いが遅れると、信用情報機関に登録され、支払いが3か月以上遅れたと登録されると、クレジットカードや、自動車、住宅のローンを申し込んだとき、審査に通りにくくなってしまいます。この登録は、遅れていた残金を全額支払っても、5年間残るので注意が必要です。

　一方、デビットカード、プリペイドカードは、あくまで自分のお金をカードを使って支払うにすぎません。デビットカードは利用と同時に即座に口座から引き落としがなされます。プリペイド（pre＝事前に、paid＝支払った、支払済）カードはあらかじめお金をチャージ・入金して、その額面の商品やサービスを購入することができるカードです。「prepaid」の意味のとおり、「前払い」をすることで使うことができます。それぞれの特長を理解したうえで、使い分けるようにしましょう。

　なお、不正利用にも注意が必要です。知らないうちにカード番号を盗まれて利用されるといったものです。一般社団法人日本クレジット協会の調査によれば、2023年のクレジットカード不正利用による被害額はおよそ540億円に達しています。これは2014年の被害額およそ115億円の約4.7倍にもなります。

　多い手口は、犯人のサイトに自分のカード番号などを入力したことによる被害です。犯人が、カード会社や通販サイトの名前で、被害者にメールやSNSでメッセージを送り、カード番号を入力しないと取引が続けられないなどと、うそをついた例が多いです。たとえば、カード会社の名前で、次のような内容が送られてくる場合です。

　このたび、ご本人様のご利用か確認させていただきたいお取引がありましたので、ご利用を制限させていただきました。以下へアクセスの上、ご利用確認にご協力をお願いいたします。ご回答いただけない場合、ご利用制限が継続されることもございます。

　このようなメール等が来た場合にはカード番号を盗もうとしている犯人からのメールですので、添付ファイルを開かずに削除しましょう。カード会社がカード番号やパスワードを聞いてくることはないので、安易に自分のカード番号やパスワードを入力しないように注意しましょう。犯人は皆さんを騙そうとあらゆる手段を使って近寄ってきます。このような犯罪をフィッシング詐欺と呼んでいます。もし、こんなサイトにカード番号を入力してしまったら、カード会社にすぐ電話して、カードの利用を止めましょう。カード会社の電話番号は、カードの裏に書いてあることが多いです。利用明細に、もし自分が使った覚えがない金額があれば、すぐカード会社に連絡しましょう。カード会社が不正利用だと判断すれば、引き落とされないで済んだり、引き落とされた後でも一定期間内なら被害にあった金額を返してもらえたりします。なお、自分が利用しているクレジットカードの連絡先を控えておくことも、早期トラブル解決にあたって重要なことです。

（2）奨学金に潜むリスク

　奨学金とは、要するに借金です。もちろん返済する必要のない給付型のものもありますが、大部分が貸与型で、有利子のものもあります。現在、大学生のおよそ3〜4人に1人が奨学金を受給しているといわれています。

　貸与型であれば、当然ながら卒業後は返済が求められます。卒業後の返済計画などイメージしにくいと思いますが、貸与型での借り入れがある人は、次の表を埋めてみましょう。

演習2 奨学金の返済計画

毎月の返済額	返済年数と完済時の年齢

　一定期間以上、返済が滞ってしまえば、やはり信用情報機関に登録されてしまいます。そうなると、その記録が消えるまで、クレジットカードが作れない、ローンが組めないなどの不利益が生じます。これは社会人としては、大変不便な生活を強いられるものです。

　就職先が決まったら、ある程度、給与などもわかると思います。その給与から、所得税、住民税、社会保険料等を控除された手取りをもとに、毎月の出費、住居などを検討していくとよいでしょう。給与のなかから、およそ4分の1程度は税金等を天引きされるものとして手取り額を算定し、奨学金を返済して、どのくらいの金額が残るのか、家賃はいくらくらいが上限かなどをシミュレーションしてみてください。

（3）スマホの分割払い

　支払いが遅れて信用情報機関に登録された人が多いのが、スマホを契約したときの機器の代金等の分割払いです。新しいスマホを店で受け取ったとき、スマホを買う契約のほかに、クレジット会社の「個別クレジット」の契約も見せられて、「同意する」という印にチェックすると、クレジット会社と契約を結んだことになります。その後、毎月、通信料金とともに機器分割払金が銀行口座から引き落とされるのですが、口座にある金額が請求額より少ないと、支払いが遅れてしまいます。支払いが遅れると、信用情報機関に登録され、これも前述と同様に遅れていた支払いを全額支払っても、その記録は5年間残るので注意が必要です。

（4）後で払わせる悪徳商法

　消費者契約は当事者間に知識・情報等の格差がある性質上、もともとトラブルが生じやすい傾向にありますが、それとは別に悪徳商法といわれる、はじめから消費者を騙そうとする商法も多くあります。クレジットカード会社は、加盟店を調査して、悪質商法だとわかったらカードを使えなくするよう、法律で規制されています。買った商品が偽物だったのに加盟店に連絡がつかないなど、加盟店との間で問題があるときは、クレジットカード会社に相談できますので、そこは、現金を使うよりも安心ともいえます。問題が起こるた

びに法律を改正するなどして消費者保護が図られていますが、それに追いつかないくらいに次から次へと新しい手口が登場していますので、皆さんも日頃から知識をつけて騙されないようにすることが大切です。特に学生の場合、経験が少ないので騙されやすかったり、強引な勧誘を断れなかったりする傾向があります。迷った場合は一人で悩まずにできるだけ早く周囲の人や消費生活センターなどに相談することが大切です。

　若者をねらう悪質商法は、後で払わせるものが多いのも特徴です。「あなたには未来がある。出世払い」などという甘いことばに騙されないようにしてください。「収入が入るからすぐ支払える」といわれたことを信じて、リボ払いや分割払いなどの後払いや、借り入れたお金で契約したけれど、後で支払えるような収入はなかったという人は後を絶ちません。

　なお、後払いの支払いが滞ると信用情報機関に登録されるのは、支払いが遅れがちな人が多額の借金を重ねて、結果的に身を滅ぼすことを防ぐためです。法律を改正して、クレジット事業者は、クレジットカードを使う人の情報を確認して、支払えそうな金額だけしか債務を負わせてはいけないことになったのです。

4 部屋を借りる

　大学生になって親元を離れ、ひとり暮らしを始めた人もいるでしょう。また卒業後にマンションを借りてひとり暮らしを始める人もいるでしょう。

　マンション等を借りる場合、一般的には不動産仲介業者等を介して賃貸借契約を締結することになります。そのときの注意点について見ていきます。

（1）賃貸借契約でかかる費用

　部屋を借りるときには、多額の費用がかかります。まずは賃貸借契約にかかる費用について見ていきましょう。家賃のほか、次のような費用も必要になってきます。

家賃	1か月分の賃料を前月末までに支払うのが一般的（前払い）
敷金	部屋を出るときの清掃代や修復費、入居者の家賃不払いがあったときに備え、貸主（大家）が家賃に充当することができる預かり金
礼金	貸主に対して支払う謝礼金。返還されない
仲介手数料	不動産の賃貸物件は貸主が直接借主を探すのではなく、不動産会社が仲介する場合が多く、その不動産会社に支払う手数料
共益費・管理費	共用部分の清掃代や電気代
保証料	賃貸借契約の際に求められる親族等の連帯保証人に代わり、手数料を得ることによって第3者が連帯保証人になるサービス
更新料	賃貸借契約期間が終了し、更新するときに支払うもの。一般的には2年契約が多く、2年ごとに家賃1か月分の更新料を支払うことが多い

（2）部屋を借りる前の注意点

　部屋を借りるときもよい話ばかりではありません。いい物件に住みたいのは当然ですが、特に学生のうちは安定した収入があるわけではなく、親元からの仕送りに頼らざるを得ないでしょう。新築で駅から近くて広くてオートロックでお風呂とトイレが別で宅配ロッカーもついているなどとなれば、相当な金額となってしまいます。つまり、駅から多少遠くてもきれいなところに住みたい、古くてもいいので、とにかく駅から近い物件がいいなど、それぞれの優先順位を決めておくと、探しやすくなると思います。あなたにとってこれだけは譲れないという優先順位を決めておきましょう。

演習3 ▶ **部屋を借りる際の優先順位**

第1	第2	第3

　駅からの距離や間取りなどのほか、設備、築年数、近隣環境（買い物が便利など）もあると思います。自分のライフスタイルを考えながら、3つくらい譲れない条件を決めたうえで物件探しを進めましょう。

（3）部屋を借りる際の注意点

　賃貸物件を決めるときにはいくつかの物件にあたり、場合によっては不動産の仲介業者もいくつか回って比較検討することが理想ですが、仲介業者によっては人気の物件だからといって、契約を急がせる場合もあります。不動産会社が取る仲介手数料は自分に適した物件を探索してくれたことに対する対価でもありますから、納得できる物件が見つかり、契約が成立するまでは支払う必要はありません。

　賃貸物件の環境等をよく確認したら、家賃等の契約条件を確認してください。家賃の他にも共益費や管理費の名目で毎月の維持費がかかる場合もあります。また契約期間も重要です。契約期間を更新する際に更新時の費用がかかる場合もあるからです。そして、賃貸借契約締結にあたっては、貸主に支払う家賃、敷金、礼金、不動産会社に支払う仲介手数料などで家賃の3〜5か月分はすぐに支払うことができるように準備しておく必要があります。その他にも火災保険への加入が求められる場合もあります。賃貸物件の契約時には、「**重要事項説明書**」と「**賃貸借契約書**」という重要な書類が2つ存在します。流れとしては、契約条件の注意点をまとめた重要事項説明を受け、その条件に納得できたら正式に賃貸借契約を締結します。これらに署名する前に、その内容についてしっかりと説明を受け、不明な点は確認しておきましょう。

（4）退去時のトラブル

　賃貸借契約が終了し、建物から退去するにあたり、未払賃料その他借主が負担すべき費用があれば敷金から減額されますが、敷金から減額される費用の中に「原状回復費用」というものが含まれることがあり、その金額についてトラブルが生じることがあります。か

つては裁判所で「原状回復」とは、建物の自然劣化や通常損耗分をもとの状態に回復することではなく、借主の故意・過失等による劣化の回復を意味するとの判断をしてきました。その裁判所の判断を踏まえて民法が改正され、賃借人は、賃借物を受け取った後に生じた損傷について原状回復義務を負うこと、しかし、通常損耗や経年劣化については原状回復義務を負わないことが明記されました（民法621条）。また、未払賃料、原状回復費用を差し引いた敷金の残金は、賃借人に返還しなければなりません（民法622条の2）。

リスク回避、トラブル解決のためのノウハウ💡

- 高額商品を購入するときには、クーリング・オフの対象かどうかとクーリング・オフができる期間を理解しておく。
- クレジットカードを利用する際には、常に収入、支出、残高を確認しながら使う。また、カードによるキャッシングは便利な反面、金利が高いことも多く利用前に十分か確認が必要。
- 貸与型の奨学金は、借金である。卒業が近づいてきたら、毎月の返済額、返済期間を確認したうえで、生活設計を立てていくことが重要。
- 部屋を借りるには、家賃の3〜5か月分程度の費用がかかる。契約にあたっては、「重要事項説明書」「賃貸借契約書」の内容に納得したうえで締結すること。

▶参考文献

消費者庁『社会への扉（令和6年3月版）』https://www.caa.go.jp/policies/policy/consumer_education/public_awareness/teaching_material/material_010/assets/teaching_material_240508_0001.pdf)。

演習1の解答
①ウ、②ア、③イ、④ウ、⑤イ

第1部　入学から1・2年生までに遭遇しそうな危険・トラブル　75

Column 5

タワーマンションは快適か

　部屋を借りようとするとき、タワーマンションに憧れることもあると思います。ホテルライクな生活で、眺望もすばらしく、プライバシーも守られますから、人気なことも頷けます。しかし、通勤・通学時のエレベーターの混雑、内廊下に匂いがこもってしまう、ガスが使えない、バルコニーに洗濯物を干せない、携帯電話がつながりにくい場合がある、日当たりはいいが冷房費用がかさむ、郵便物や新聞を取りにいくのが面倒など、住んでみてはじめてわかることも多いようです。最近は、窃盗・強盗なども多発しているため、セキュリティレベルも高まり、ダブルオートロック、エレベーターでの認証が必要な建物もあります。このようにセキュリティレベルが高いほど、外部の人が入りにくくなり、より安全・安心となるわけです。しかし、入りにくくなるということは、緊急時の対応にデメリットが生じることもありそうです。救急を依頼してもオートロックを2度開錠するなど、時間と手間を要し、救急隊員の入室の遅れの原因にもなりそうです。

　多少不便なことがあったとしてもホテルライクな生活をとるか、それとも住みやすさをとるか、検討が必要なようです。洗濯が干せないということは、お風呂場などに設置された乾燥機などで乾かすことになります。これには電気代がかかります。通勤・通学時のエレベーターの混在を回避するには家を早く出るしかありません。これでは時間を買ったつもりがかえって時間を要するなんてことになってしまいます。

　どうしても見た目のよさ、快適さなどを優先してしまいがちですが、いろいろと想定されるリスク、不便さなどを具体的に想像したうえで、部屋選びをしましょう。

第2部

就職活動から卒業までに遭遇しそうな危険・トラブル

Chapter 6

就職活動に備える
法律を理解したうえで就職活動に臨む

　ついこの間、大学に入学したばかりなのに、気がつくと3年生となり、就職活動をしなければならないなどと、時間の経過の早さを感じる人も多いことと思います。最近では、就職活動の早期化・長期化などといったことが指摘されていますが、民間企業の場合、大学3年生になると、インターンシップ参加のための応募が本格的にスタートします。2年生からインターンシップに参加する学生も少なくありません。

　さて、このChapterでは、就職活動の流れを確認し、インターンシップ参加から就職活動・内定までの関連法規、留意点を学んでいきます。

　しばしば学生から「この会社はブラックですか」などという質問を受けますが、データなどに基づき、自分にとって働きやすい職場かどうかを判断するためのポイントも説明します。

　インターンシップ、就職活動では、メールでの資料請求、電話での問い合わせ、敬語での対話など、はじめてのことばかりで大変だと思います。しかし、いよいよ大人社会への本格的な参加となります。本Chapterにて、就業関連法規を学び、労働者としての権利を理解したうえで就職活動を進めていってください。

この章の到達目標

- □労働法に関する知識をもったうえで、就職活動に臨むことが重要であることを理解する。
- □自ら正しい情報を集め、自分で企業を評価・判断できるようにする習慣をつける。

知っておきたい関連法規

- ・憲法27条（勤労の権利、及び義務）、28条（勤労者の団結権、団体交渉権、団体行動権）
- ・民法627条（期間の定めのない雇用の解約の申入れ）
- ・男女雇用機会均等法11条（職場におけるセクシュアルハラスメント対策）、30条（厚生労働大臣の勧告に従わない場合の企業名公表）
- ・職業安定法5条の3（労働条件等の明示）、5条の5（求職者等の個人情報の取扱い）

1 学びのためのウォーミングアップ

　さて、本 Chapter の到達目標として、労働法に関する知識をもったうえで、就職活動に臨むことが重要であるということを掲げました。Chapter 4 でも学びましたが、労働法という法律は、正確には存在しません。労働関連法規を総称して、労働法と呼んでいます。

　皆さんは労働関連法規をどのくらいご存じですか。高等学校の社会科でも労働者の権利などを学んだことと思います。そのときの知識を参考にしながら、取り組んでください。

演習1 知っている労働関連法規を書き出してみる

　日本では、憲法により、勤労の権利が保障されています（憲法 27 条）。また、労働組合をつくる権利（**団結権**）、使用者と団体で交渉する権利（**団体交渉権**）、労働者が団結して仕事を停止して労働条件の改善を要求するストライキ（**団体行動権**）が保障されています。そして、これらを**労働基本権**と呼んでいます。なお、団結権、団体交渉権、団体行動権を労働三権ともいいます。

　これらの権利を具体的に保障するために、**労働三法**と呼ばれる**労働基準法、労働組合法、労働関係調整法**があります（図表 6-1 参照）。

図表 6-1　労働三法について

労働基準法	労働時間などの労働条件の最低基準を規定している
労働組合法	労働基本権（団結権、団体交渉権、団体行動権）を保障している
労働関係調整法	ストライキなどの労働争議の予防、解決をはかる

　一般的に、立場が異なれば考えていることも異なるものです。使用者であれば、できるだけ安く効率的に働いてもらいたいでしょうし、労働者はできるだけ多くの賃金がほしいと思うでしょう。また、何年働いても給与が上がらなければ、労働者のモチベーションも上がらず、生産性も下がったり、有能な社員が退職してしまうといった可能性があります。そのため、労働条件の改善、賃上げなどのために、使用者と団体で交渉するための組織が労働組合です。労働組合法では、使用者が労働組合の活動に干渉したり、組合員に対して不利な扱いをしたりすることは、**不当労働行為**として禁止されています。

　会社説明会等でも、労働組合の有無などについて説明を受けると思いますが、労働組合のない職場では労働者は使用者と個人で交渉することになり、結果的に賃金、労働時間等が交渉しにくくなってしまいます。そこで、こうした労働組合があると、使用者と労働者が対等に交渉できるようになります。

なお、憲法が規定する勤労者の権利とそれを具体化するための法律は、次のような関係になっています（図表 6-2 参照）。

図表 6-2　労働基本権と関連法規

憲法 27 条			憲法 28 条
第 1 項 勤労権	第 2 項 労働条件に関する基準	第 3 項 児童の保護	労働三権 団結権、団体交渉権、団体行動権
・職業安定法 ・雇用保険法 ・男女雇用機会均等法 ・労働者派遣法	・**労働基準法** ・労働者災害補償保険法 ・最低賃金法 ・労働安全衛生法	・児童福祉法 ・児童扶養手当法	・**労働組合法** ・**労働関係調整法**

憲法 27 条、28 条は労働者にとって大変重要な規定ですから、記載しておきます。

・憲法 27 条　第 1 項：すべて国民は、勤労の権利を有し、義務を負ふ。
・第 2 項：賃金、就業時間、休息その他の勤労条件に関する基準は、法律でこれを定める。
・第 3 項：児童は、これを酷使してはならない。
・憲法 28 条：勤労者の団結する権利及び団体交渉その他の団体行動をする権利は、これを保障する。

就業前の労働条件から就業中のことまで、実に多くの法律が関わっていることがわかったと思います。

また、憲法 22 条では、「何人も、公共の福祉に反しない限り、居住、移転及び職業選択の自由を有する。」として、職業選択の自由が保障されています。江戸時代に遡ると、武士の子は武士となり、農民の子は農家を継ぐというものでした。身分制社会では、農民の子が武士になりたいといっても、叶うものではありませんでした。しかし、いまは自由に職業を選択することができます。公務員、民間企業、起業など、皆さんはさまざまな選択が可能です。こうした選択が可能なのも、憲法 22 条があるおかげなのです。

2　女性の働き方を考える

（1）働く女性の拡大

女性が人生設計やキャリア形成を考えるとき、結婚、出産、育児などのライフイベントと仕事との関わりを十分考えて選択する必要があるといわれています。しかし、これは女性だけではなく男性も考えていかなければならないことです。特に家事、育児は夫婦で協力して行うものです。後述しますが、我が国の男性の家事・育児に関わる時間は、欧米諸

国の男性より短い傾向にあります。夫婦共稼ぎが当たり前になりつつありますが、子どもの食事の準備、入浴、予防接種など、夫婦のなかでも、家庭をマネジメントするという発想でお互いが長続きする分担を考えていかなければなりません。

図表 6-3 は子育て期（25～44 歳）の女性の就業率の推移です。子育て期に働く女性は 7 割を超えており、仕事を辞めずに働き続ける女性も増え、女性の平均勤続年数も伸びているものと思われます。

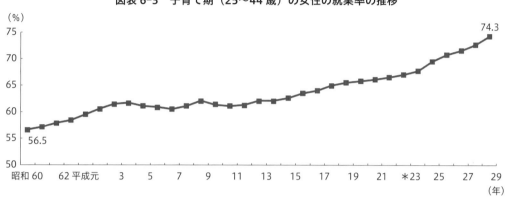

図表 6-3　子育て期（25～44 歳）の女性の就業率の推移

＊平成 23 年の数値は、東日本大震災の影響により、関連統計等を用いて補完推計を行った値。

出所：厚生労働省（2018 年 3 月）『女子学生の進路指導やキャリア教育にあたって』P.5 (https://www.mhlw.go.jp/file/06-Seisakujouhou-11900000-Koyoukintoujidoukateikyoku/0000196697.pdf)

（2）女性の職場進出を推進するための法律の制定

女性の職場進出を推進するため、さまざまな法律が制定されてきました。1985 年には、雇用機会における男女差別の撤廃を定めた**男女雇用機会均等法**が制定されました。そして、1999 年にはその改正法が施行され、それまで努力義務とされていた募集・採用・配置・昇進に関する差別は禁止となり、違反企業は制裁措置として企業名を公表されるようになりました（男女雇用機会均等法 30 条）。また、セクシュアルハラスメントに関しても、事業主に雇用管理上必要な措置を講じることを義務づけています（男女雇用機会均等法 11 条）。

働き続ける女性が増えてはいるものの、日本ではまだ出産や育児を契機として、退職し、仕事を中断してしまう女性も珍しくなく、子育てが落ち着き、いざ再就職を希望しても非正規雇用となってしまうということが見受けられます。こうしたことを是正するため、1999 年、**育児・介護休業法**が施行されました。

さて、図表 6-4 は、第 1 子出生年別にみた、第 1 子出産前後の妻の就業変化を示したグラフです。直近の 2015 年～2019 年を見ると、第 1 子出産後も就業継続している女性は、以前から就業していた女性（出産前有職者）のうち、69.5％です。つまり、およそ 7 割の女性が出産後も継続就業しているわけです。

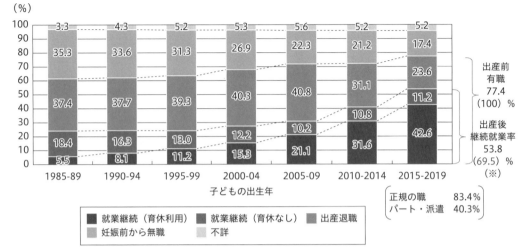

図表6-4 第1子出生年別にみた、第1子出産前後の妻の就業変化

資料：国立社会保障・人口問題研究所「第16回出生動向基本調査（夫婦調査）」
（※）（ ）内は出産前有職者を100として、出産後の継続就業者の割合を算出
出所：厚生労働省『令和5年版 厚生労働白書』P.166 (https://www.mhlw.go.jp/wp/hakusyo/kousei/22/dl/2-01.pdf)

　さて、このグラフを見る限り、出産前から仕事に就いていた女性のうち、およそ3割は第1子の出産を契機にいったん離職しているわけです。本人の希望による離職もあるでしょうが、仕事と子育ての両立が難しいため、就業継続を断念してしまったという人も少なくありません。これは本人のキャリア形成上も不利益ですし、職場にとっても、せっかく慣れてきた社員を手放すことになり、双方にとって機会損失です。

(3) 仕事と家事・育児の両立について

　それでは、家庭での家事・育児の在り方について考えてみましょう。図表6-5は6歳未満の子どもを持つ夫婦の家事・育児の関連時間（1日あたり）です。ご覧いただくと、日本の夫の家事・育児に関する時間が他国と比べ、極端に少ないことが窺えます。もちろん働き方、通勤時間等の国別の事情もありますから端的に夫に問題があるとはいえませんが、我が国における家庭での分担のアンバランスは否定できません。それでは、皆さんがパートナーといっしょに生活を営むにあたり、仕事と家事・育児はどのように分担していけばよいのでしょうか。

　結婚、家事・育児など、まだ想像もつかないという人が多いかもしれません。それでも、いろいろと検索し、仕事と家事・育児の両立をはかっている家庭、夫婦で効率的に家事・育児に取り組んでいる事例など、調べてほしいのです。

演習2 家事・育児の分担法、仕事と家事・育児の両立のための工夫を考える

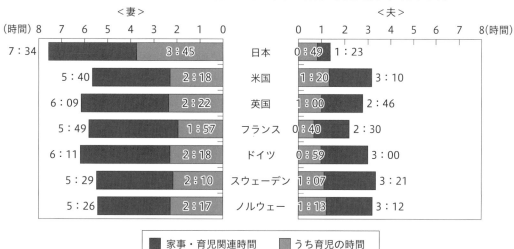

図表6-5　6歳未満の子どもを持つ夫婦の家事・育児の関連時間（1日あたり）

出所：内閣府『男女共同参画白書　平成30年版』P.119（https://www.gender.go.jp/about_danjo/whitepaper/h30/zentai/pdf/h30_genjo.pdf）

　内閣府発行『少子化社会対策白書』（令和4年版）によれば、2023年の平均初婚年齢は、夫31.1歳、妻29.7歳で、妻の第1子出生年齢は31.0歳でした。学生の皆さんにとってはまだ先の話ともいえますが、それほど遠くない時期のことです。それぞれのパートナーの仕事内容、通勤時間などによっても分担は変わってくると思いますが、長続きする分担を考えていかなければなりません。そのためには、ロジックツリーなどを用いて、「食事の支度」をさらに、「買い物」「献立の決定」「調理」「後片づけ」などと分解し、それぞれの分担を決めるとよいでしょう（図表6-6参照）。単に「食事」というだけでは具体的なタスクが見えてきません。食事のためにはまず献立を考えて必要な食材を買いに行かなければなりません。また、食事が済めば後片づけもしなければなりません。こうした具体的なタスクが見えてこないと、正確な所要時間を見積ることもできません。具体的なタスクの見える化のためにもロジックツリーは有効です。

　本節のタイトル名は、「女性の働き方を考える」となっていますが、これは女性だけに読んでもらいたいという意味ではありません。むしろ、女性の働き方に関する現状などに

図表 6-6　食事に関するロジックツリー

分解することにより、その家事内容が明確になり、所要時間等も詳細に見積もることができる

ついて、男性にも知ってもらうため、本テキストでも扱っています。仕事、子育て、家事などと仕事との両立にはパートナーとの協力が欠かせません。職場以上のチームワークが求められます。家庭という組織でも、公平かつ長続きする分担を考えていってください。これは家庭でのトラブルを回避するためにも必要なことです。

　ここで、事務職のことについて触れておきます。図表 6-7 は職種別の有効求人倍率です。新卒だけのデータではありませんが、グラフのなかのもっとも下の折れ線が事務職の求人倍率です。これはかなりの狭き門といえそうです。事務職を希望する学生は少なくありませんが、募集人数が減少傾向にあります。こうしたことを知ったうえで、就職活動を進めることも、未内定のリスクを回避することにつながります。

図表 6-7　職種別有効求人倍率の推移

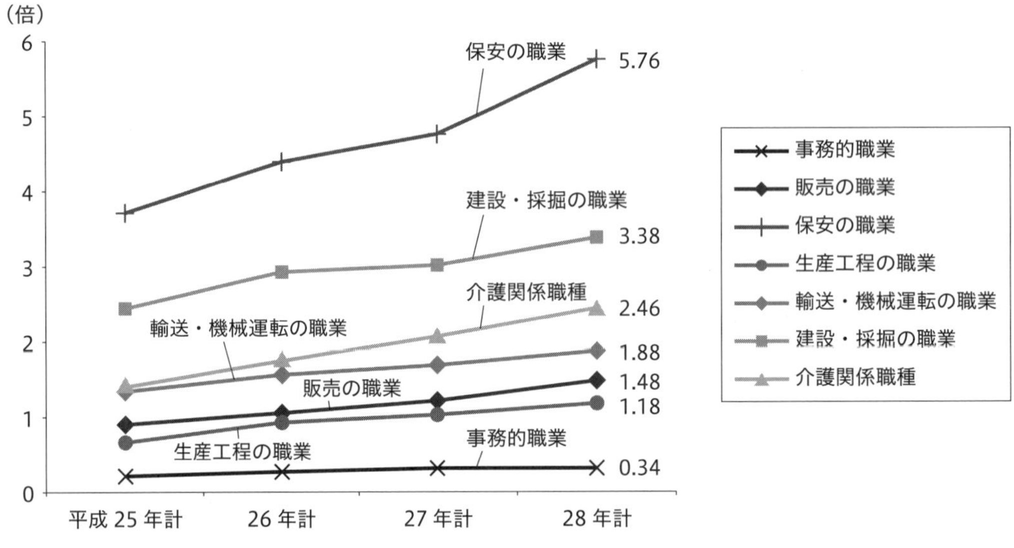

出典：厚生労働省「一般職業紹介状況」
注1）パートタイムを除く常用
注2）職業は一部抜粋して掲載
注3）介護関係職種は、平成 23 年改定「厚生労働省職業分類」に基づく「福祉施設指導専門員」、「その他の社会福祉の専門的職業」、「家政婦（夫）、家事手伝」、「介護サービスの職業」の合計

出所：厚生労働省（2018 年 3 月）『女子学生の進路指導やキャリア教育にあたって』P.2（https://www.mhlw.go.jp/file/06-Seisakujouhou-11900000-Koyoukintoujidoukateikyoku/0000196697.pdf）

また、注目してほしいのは、職種ごとに求人倍率に差があることです。こうした情報がわかれば、就職活動の準備の仕方も変わってくると思います。自分が希望する職種・業界の求人倍率を調べてみてください。厚生労働省のほか、大卒求人倍率については、リクルートワークス研究所より、従業員規模別、業種別の求人倍率が公表されています。

3 「ホワイト企業」の見分け方

　「ホワイト企業」という定義があるわけではありませんが、ここでは「比較的長期に渡り、家庭との両立を果たしながら働ける職場」と定義したいと思います。ある程度の期間に渡って勤務することを前提に就職するわけですから、長時間労働が恒常的に続くようであれば家庭とのバランスもとれませんし、長期的なキャリア形成も描けません。

　それでは具体的に就職活動中において、どのような基準をもとに、働きやすい職場、出産・育児と両立しやすい職場を見つけたらよいのでしょうか。早期退職等のリスクを回避するためにも、知っておいてほしい情報です。

(1) 厚生労働大臣による認定制度に着眼する

　若者雇用促進法に基づく**ユースエール認定制度**や、次世代育成支援対策推進法に基づく**くるみん認定制度**、女性活躍推進法に基づく**えるぼし認定制度**等、厚生労働大臣による各認定制度に着眼した企業検索が有効です。企業検索で認定を取得している企業に絞った検索をすることも可能ですので、「所定外労働時間の少ない企業は？」「育休が実際に取得しやすい企業は？」など、各認定制度等の理解を深め、就職活動を行う際の参考としてください。認定を受けた企業は、それぞれの制度で定められた基準をクリアしています。「ワークライフバランスを大切にしたい」「女性が能力発揮・活躍したい」「子育てしやすい環境が良い」といった希望がある方にお勧めの検索法です。

早期離職を抑えた企業や休暇の取りやすい企業	**ユースエール認定制度**では「直近３事業年度の新卒者などの離職率が20％以下」や「前事業年度の正社員の有給休暇の年平均の取得日数が年10日以上または、年平均取得率70％以上」といった内容となっている。
女性活躍推進に関して優れた取り組みを行っている企業	**えるぼし認定制度**では、女性の採用、管理職比率や男女労働者の労働時間などが認定基準となっている。企業の達成度合いによって１段階目から３段階目があり、さらに、えるぼし認定を受けた企業のうち特に優良な企業を認定する「プラチナえるぼし」認定がある。
企業が子育てをサポート	**くるみん認定基準**には、「企業が仕事と子育ての両立等に関する目標を定めた行動計画を策定し、期間内にその目標を達成していること」や「男女の育児休業等の取得割合が一定数以上であること」などがあり、企業が労働者の仕事と子育ての両立を図るために計画を定めて確実に実行していること、労働者の仕事と子育ての両立実績があることが確認できる基準となっている。

　それぞれの認定制度は次のようなものです。

認定制度	内容
ユースエール 認定制度 	若者の採用・育成に積極的で、若者の雇用管理の状況などが優良な中小企業を若者雇用促進法に基づき厚生労働大臣が「ユースエール認定企業」として認定しています。認定した企業に対して情報発信を後押しすることなどによって、企業が求める人材の円滑な採用を支援し、求職中の若者とのマッチング向上を図ります。
えるぼし認定制度 	一般事業主行動計画の策定・届出を行った事業主のうち、女性活躍推進に関する取組の実施状況が優良な事業主は、都道府県労働局への申請により厚生労働大臣の認定を受けることができます。評価項目を満たす項目数に応じて認定は3段階あります。
プラチナえるぼし 認定制度 	えるぼし認定を受けた事業主のうち、一般事業主行動計画の目標達成や女性の活躍推進に関する取組の実施状況が特に優良である等の一定の要件を満たした場合に都道府県労働局への申請により厚生労働大臣の認定(プラチナえるぼし認定)を受けることができます。
くるみん認定制度 	次世代育成支援対策推進法に基づき、一般事業主行動計画を策定した企業のうち、計画に定めた目標を達成するなど10項目の基準を満たした企業は、「子育てサポート企業」として、厚生労働大臣の認定(くるみん認定)を受けることができます。令和4年4月からは、男性育児休業取得率の基準が引き上げられるなど認定基準が改正されるとともに、不妊治療と仕事との両立に取り組む企業を認定する「くるみんプラス」制度なども新設されました。
プラチナくるみん 認定制度 	くるみん認定を受けた企業のうち、より高い水準の取組を行った企業が、一定の要件を満たした場合は、優良な「子育てサポート企業」として厚生労働大臣の特例認定(プラチナくるみん認定)を受けることができます。令和4年4月からは、男性育児休業取得率の基準が引き上げられるなど認定基準が改正されるとともに、不妊治療と仕事との両立に取り組む企業を認定する「プラチナくるみんプラス」制度も新設されました。
もにす認定制度 	障害者の雇用に関する取組の実施状況などが優良な中小事業主は、障害者雇用促進法に基づき厚生労働大臣の認定(もにす認定)を受けることができます。企業と障害者が明るい未来や社会の実現に向けて「ともにすすむ」という思いから、愛称を「もにす」と名付けました。もにす認定を受けた事業主は、地域における障害者雇用のロールモデルとして社会的認知度を高めることができます。

出所:厚生労働省「若者雇用促進総合サイト」をもとに作成（https://wakamono-koyou-sokushin.mhlw.go.jp/search/service/top.action）

　もにす認定制度とは、障害者雇用に関する優良な中小企業主に対する認定制度です。具体的には、障害者の雇用の促進及び雇用の安定に関する取り組みの実施状況などが優良な中小企業主を認定するものです。子育て、女性の活躍とは異なるものですが、知っておいてほしい制度として取りあげました。

　こうした情報は、厚生労働省「**若者雇用促進総合サイト**」に掲載されています。そして、企業検索で上記のような認定を取得している企業を抽出することもできますので、就職活動を行う際の参考としてください。

　正規雇用での就職活動であれば、長期間勤務できるところを探さなければなりません。

希望業界、職種とともに、こうした働きやすさという基準も加えて、企業選びをしてください。

（2）勤続年数・平均年齢等に着眼する

働きやすい職場であれば、当然ながら勤続年数も長くなるといえます。ここで着眼してほしいのは、勤続年数と男女の平均年齢です。たとえば、志望している企業の平均勤続年数が15年とあれば、大学卒業後、37歳前後まで勤務していることになります。厚生労働省の調査によれば、2023年の妻の平均初婚年齢は29.7歳、そして妻の第1子出生平均年齢は31.0歳です。この平均年齢にならえば、37歳のとき、お子さんは6〜7歳でしょう。つまり、子育ての大変な時期をその職場でこなしていることになります。このように、平均年齢も長期就業が可能かどうかの貴重な情報源となり得ます。また、志望先企業の女性の平均年齢が29歳であれば、結婚退職や第1子出産と同時に退職している女性が少なくないと推測できます。また、女性の平均年齢が40歳代であれば仕事と育児を両立させながら、お子さんは小学生くらいになっているということがわかります。

なお、東洋経済新報社から発行されている『就職四季報 働きやすさ・女性活躍版』（年度版）には、女性の平均勤続年数、3年後離職率、有給取得年平均、平均年収などが掲載されています。

このように、平均年齢と平均勤続年数だけでも、ある程度のことが想定できます（図表6-8参照）。

図表6-8 平均年齢・平均勤続年数から想定できること

平均年齢 平均勤続年数	A社	B社	想定できること
男性平均年齢	41歳	47歳	A社は男性と女性の平均年齢、平均勤続年数に大きな差異が見られる。女性は結婚、出産を契機に退職されている様子が窺える。一方、B社は男性と女性に大きな差異もなく、実質的に対等・平等に業務にあたっていると思われる。
男性平均勤続年数	18年	25年	
女性平均年齢	29歳	43歳	
女性平均勤続年数	5年	20年	

4 就職活動において知っておきたい法律

就職活動はアルバイトでの仕事探しとは違い、今後の中長期のキャリア形成を視野に入れて臨まなければなりません。また、卒業後は内定先の給与をベースに生活設計を立てるわけですから、基本給、手当なども正確に把握しておかなければなりません。そして、職種・業界によっては、さまざまな変形労働時間制もあるかもしれませんが、就業時間中は使用者、上司の指示に従って働かなければなりません。その意味でも、仕事内容、勤務時間、給与、勤務地など、きちんと確認する必要があります。どうしても、早く内定をとり

たいと焦ることがあります。しかし、皆さんのゴールは決して内定ではありません。卒業後の就業です。その意味でも周囲の友だちと比べたり、焦ることなく、自分が立てた計画に沿って、活動していきましょう。

まず、就職するということは、法律的には、企業との間で、「企業の業務命令に従って働きます」（学生）、「賃金を支払います」（企業・使用者）という約束をすることになります。ところが、一般的には、労働者よりも使用者のほうが有利な立場にあり、労働条件、就業環境などは使用者の思い通りに決まりがちです。しかし、これでは労働者の健康や安全を損なう可能性もあったり、人間らしい生活をおくることができないこともあり、このChapterの冒頭でも学んだ労働法（労働基準法をはじめとする労働関連法規の総称）が発展してきました。労働法の知識が曖昧なことで、損をしたり、トラブルに巻き込まれることもあり得ます。万一のことがあっても、冷静な対応がとれるよう、就職活動を契機に労働法についての理解を深めていきましょう。

(1) 就活の流れ

大学生等の就職・採用活動については内閣官房、文部科学省、厚生労働省及び経済産業省による「就職・採用活動日程に関する関係省庁連絡会議」を毎年度開催し、その年度の大学2年次に属する学生等の「就職・採用活動日程に関する考え方」をとりまとめ、就活・採用活動日程を決定しています。例年、次のような活動日程を関係省庁より経済団体等に遵守するよう要請しています。毎年、連絡会議で討議のうえ、決めていますから、皆さんの就職活動年度も同じになるとは限りません。

> 広報活動開始：卒業・修了年度に入る直前の3月1日以降
> 選考活動開始：卒業・修了年度の6月1日以降
> 正式な内定日：卒業・修了年度の10月1日以降

近年、早期選考、インターシップ経由での採用等が行われています。標準的なスケジュールがあるものの、その一方で例年3年生の夏休み以降は、早期選考、インターシップ経由での採用選考がスタートしています。こうした動きがあるため、就職活動が早期化・長期化しているともいえます。

第 2 部　就職活動から卒業までに遭遇しそうな危険・トラブル　89

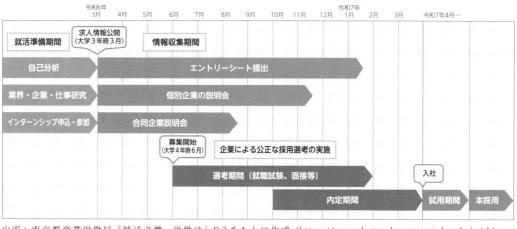

出所：東京都産業労働局『就活必携・労働法』P.2 をもとに作成（https://www.hataraku.metro.tokyo.lg.jp/shiryo/zenbun%28shukatsuhikkei%29.pdf）

　ここで注意してほしいことは、情報収集です。図表6-9のように標準的な採用スケジュールに沿っている企業もあれば、インターシップ等を通して、早期選考を行う企業もあるということです。実際の就職活動に際しては、企業のウェブサイトや大学のキャリアセンターなどでよく確認してください。

（2）企業情報の収集

　就職活動においては、情報収集をきちんと行い、求人情報を正しく把握することが大切です。たとえば、いつも求人を出している会社の中には、何か問題があり離職率が高くなっている会社が含まれている可能性があります。また、求人情報に労働条件が明記されていない場合には、トラブルになった際に権利を主張できない可能性があります。このように、採用選考時や入社時にトラブルに巻き込まれないためにも、事前にきちんと情報収集を行う必要があります。なお、**若者雇用促進法**では、新卒者等の募集を行う企業は、幅広い職場情報の提供が求められます（努力義務）。加えて、応募者から求めがあった場合には、募集・採用に関する状況（採用者・離職者数等）、職業能力の開発・向上に関する状況（研修の有無及び内容等）、企業における雇用管理に関する状況（前年度の月平均所定外労働時間の実績等）の3類型それぞれについて1つ以上の情報提供が、企業に義務付けられています。応募者は、企業の採用ホームページでいわゆるプレエントリーを行ったり、一定の内容をメールまたは書面にて企業に対して伝えたりすることにより、企業に情報提供を求めることができます。

（3）労働条件を確認する

　会社は労働者の募集を行う場合には労働条件（仕事内容・賃金・労働時間・その他の労働条件）を明示しなければなりません（職業安定法5条の3第1項）。そして、この労働条件はそのまま労働契約の内容となることが期待されており、会社は、安易に変更・削

除・追加をしてはならないとされています。大学のキャリアセンター等に掲示される求人票や、求人情報誌・インターネット等に記載されている求人の労働条件はしっかり確認しましょう。もっとも、求人票の内容が確実に保証されるというわけではありませんし、求人票の内容に幅がある場合（基本給 225,000 円〜235,000 円など）もあります。したがって、企業説明会や面接、採用のときに説明された内容などにも注意して、就職活動中も常に労働条件を確認しましょう（会社は変更後速やかに、さらに、雇い入れる際に、労働条件を明示しなければなりません）。採用選考中にその企業の業績が悪化し、労働条件を変えるなんてこともないとは限りません。最初に確認した求人票と面接、最終内定時で同じ労働条件になっているかは、しっかりと確認してください。なお、会社が示している労働条件について、困ったことなどがあれば、大学のキャリアセンターやハローワークに相談しましょう。

　さて、あくまで一般論ですが、アルバイトの面接に訪れたら、あなたは自ら採用に不利になることや弱みをあれこれと面接官に話しますか。たとえば、時間にルーズで大学にも遅刻が多い、体力がなくすぐに疲れてしまう、重い荷物を持つのは苦手、冬場はよく風邪をひいて休みがちなどと、自分の弱みを話すでしょうか。ある程度は話すかもしれませんが、すべてを話すことはないと思います。これは相手（企業）も同じではないでしょうか。すべてを話してくれるわけではありません。やはり職場内の人間関係がわるい、先輩・後輩の上下関係が厳しいといったことなどは、あまりオープンにはしないと思います。そうであれば、自ら質問する必要があります。聞きにくいこともあるでしょうが、中長期に働くことを考えると、懸念は除去しておく必要があります。

　そうしたとき、尋ね方が大事です。「人間関係はわるいですか」などと尋ねれば、相手はもちろん否定するでしょう。それでは、人間関係など、どのように尋ねればよいでしょうか。皆さんが前向きな人材だと思われるような尋ね方を考えてみてください。

演習3 ▶ **尋ね方、表現方法について考える**

尋ねたいこと	表現方法
職場の雰囲気・人間関係について	
異動・転勤について	

　このようなことを尋ねると、採用担当者や面接官にそんなことを気にしているのかと思われたり、やる気がないと思われたりするのではないかと、どうしても萎縮してしまいます。しかし、尋ね方しだいです。

　たとえば、「早く先輩たちとも仲良くなっていろいろと教えていただきたいのですが、

職場はそうした雰囲気でしょうか」「慣れないうちは、先輩たちがお忙しいなか、いろいろと質問させていただきたいですが、それは問題ないでしょうか」などと、自分が前向きに働きたいという意思を示しつつ、質問されると、むしろ相手はそのやる気を評価してくれると思います。

　次は給与等の見方に関する留意点です。求人票等にて、次のような記載を確認するときには、注意が必要です。

・給与見込額（額面）：280,000 円
　　内訳　基 本 給：200,000 円
　　　　　外勤手当：10,000 円
　　　　　住宅手当：20,000 円
　　　　　残業手当：50,000 円（昨年実績 30 時間見込み）
・賞与（実績）：基本給 4.8 か月分

　賞与・退職金、昇給等の計算基準はあくまで「基本給」を基準とするのが一般的です。上記の例で計算すると、賞与は 960,000 円（200,000 円× 4.8 か月）です。また、会社の業績により賞与の支給月数は変わってきますから、4.8 か月が確約されているわけではありません。また、残業手当は残業しなければもらえません。新人のうちはまず職場に慣れてもらうという目的で残業させない、あるいは部門によりあまり残業がないというケースも考えられます。仮に上記の例で残業をしなかったら、額面は 230,000 円となります。また、住宅手当とは、企業が従業員の生活費など経済的な負担の軽減を目的として行う福利厚生のひとつで、従業員の住宅費を補助する手当です。自分が住む住居の家賃やローンを負担する従業員に対して、一律〇万円支給、月額家賃の〇％支給という形で補助するのが一般的です。したがって、実家から通勤するといったケースでは支給されません。また、外勤手当も社外で営業活動に従事する社員に支給するもので、事務職などの内勤であれば支給されません。

　給与は自分の生活設計を考えるうえで、大切な要素です。手当に関しては、自分が支給対象なのかどうかを確認することが大切です。

　そのほか、昇給率も見逃せません。たとえ基本給が高くても昇給率が低ければ、年々自分のスキルはあがっているのに、もらえる給与があまり変わらず、結果として「もっといろいろとできるようになろう」というモチベーションを維持することが難しくなってしまいます。また、将来、家族が増えるようになれば出費も増えます。入社時の給与のほか、30 歳、40 歳での給与なども確認してみてください。長きに渡りその企業で働いても、安定的に生活していけるのかをチェックしてほしいということです。最近は兼業・副業を認める企業も増えてはいますが、卒業後は、正社員として勤務する企業等の給与で生活をしていくわけです。家族が増えたら生活できないなどといったリスクを回避する意味でも、

昇給率を確認しましょう。我が国はバブル崩壊以降、ビジネスパーソンの年収も伸び悩んでいます。むしろ減少している人も珍しくありません。そのようななかで、牛丼チェーン「すき家」を運営するゼンショーホールディングスでは、「個人消費の増加を牽引し日本経済の活性化に寄与」するためとして、大幅な賃上げを実現しています（正社員を対象として、2023年平均9.5％、2024年平均12.2％の賃上げ）。

　ところで、日本の平均賃金は国際的に見て高いほうなのでしょうか。2022年の調査結果によりますと、OECD（Organisation for Economic Co-operation and Development：経済協力開発機構）加盟国38か国のうち、25位です。わたしたちは、労働法により守られいますが、この30年間、あまり給与水準が伸びてきたとはいえません。パートタイマーやアルバイト、派遣社員といった非正規雇用の労働力が拡大したおかげで、経営者側は賃金水準をあげずに済んでいたという背景があるからです。この状況を放置し続けると、賃金水準の高い国々に若者が移り住み、国内労働力不足といったリスクが高まる懸念もあります。

（4）面接等での留意点

　採用選考に応募する全ての人に就職の機会均等を保障し、応募者本人の適性や能力を選考の基準にすることは、企業に求められている人権尊重の具体的な取り組みのひとつです。企業活動の目的が「利潤の追求」にあることはいうまでもありませんが、同時に、企業には社会の構成員として基本的人権を尊重し、社会的な責任を果たすことが求められます。採用選考に当たっても、応募者本人の適性や能力を公正に評価する必要があり、本籍・出身地、家族、生活環境等、応募者本人の責任によらないことや、思想・信条等、日本国憲法で保障されている個人の自由に関することを応募書類や面接等で尋ねることは、就職差別につながるおそれがある上、**職業安定法5条の5（求職者等の個人情報の取扱い）**に抵触する違法行為につながります。

　なお、労働大臣指針（現在は厚生労働大臣指針）では、採用側が収集してはならない個人情報や、個人情報の収集方法等について、次のとおり具体的に示されています。

＜労働大臣指針（1999年労働大臣告示第141号）＞より

原則として、次に掲げる個人情報を収集してはならない。

①人種、民族、社会的身分、門地、本籍、出生地その他社会的差別の原因となるおそれのある事項

例：「本籍地・出身地」「家族状況（学歴、職業、収入等）」「生活環境・家庭環境」
　　「住宅状況」「本人の資産（借入れ状況）」等

②思想及び信条

例：「思想」「宗教」「人生観」「生活信条」「支持政党」「購読新聞・雑誌」「愛読書」「尊

敬する人物」「社会運動（労働運動、学生運動、消費者運動）に関する情報」等

③労働組合への加入状況

例：労働組合（加入状況、活動歴等）に関する情報

　採用選考時の応募書類や面接等で、こうした事項に抵触するおそれのある情報提供を企業から求められた場合は、大学のキャリアセンター、もしくは新卒応援ハローワークなどに相談するとよいでしょう。

　また、こうしたことを学生に尋ねてはいけないということは、採用担当者であれば把握していることです。つまり、父親の職業や出身地を尋ねられることがあれば、その企業では社員教育が徹底していない可能性があるともいえます。面接は企業側からの質問に答える場と捉えている学生も多いようですが、お互いの対話の場です。「おかしい」と判断するためにも、このような法律知識が必要であることが理解できるでしょう。

（5）内定時の留意点

　我が国では、例年新卒者を4月に一括採用することが一般的であり、一定の時期になると、内定者に対して「採用内定通知」を発送します。それと同時に、「承諾書」や「誓約書」等の提出を求めることが一般的です。内定の出し方・採用手続きは企業によって異なりますが、裁判所の判例では、少なくとも、内定通知と誓約書等の提出が両方とも揃っていれば、「労働契約」が成立しているとされます。ただし、契約が成立したといっても、すぐに働き始めるわけではありません。通常の新卒採用の場合、大学等の卒業を条件に、4月1日から働き始める契約になっています。これを「**始期付解約権留保付労働契約**」といいます。

　一方「採用内々定」は、「採用内定通知」以前の段階で行われるもので、選考の一過程に過ぎず、一般的にはまだ採用が正式決定していないと考えられています。しかし、名称が「内々定」であっても、その企業の毎年の採用方法や、応募者とのやり取りの経過によっては、「契約が締結されている」とみなされる場合もあります。

　前述のように、内定期間中は、まだ働いてはいないものの、労働契約が成立していると認められる場合が一般的です。したがって、企業側が内定を取り消すことは、企業から契約を解約することを意味します。そのため、内定を取り消す場合には、通常の解雇の場合と同様、合理的な理由が必要になります。

　合理的な理由とは、具体的には「学校を卒業できない」「健康状態が悪化して仕事ができない」「履歴書に事実と異なることが書かれていた」「犯罪行為を行った」などです。

（6）内定後の留意点

　労働者には「職業選択の自由」があり、内定の辞退を企業が拒否することはできません。法律的にも、内定によって労働契約（約束）は成立していますが、辞退すれば2週間でその契約（約束）は終了するとされています（民法627条）。しかし、一度約束し

たことを取消すことになりますから、なるべく早く、はっきりと意思表示することが大切です。複数の会社から内定を得た場合、自分の適性、やりたいこと、会社の将来性等を十分に考慮して、早めに就職する会社を決め、実際に就職する予定のない会社に対しては、速やかに辞退を伝えましょう。既に前項で述べましたが、内定取消しには、法律的に多くの制約があります。しかし、急激な景気の変動等によって、就職活動期間途中で採用方針を変える企業もあります。実際に、いわゆるリーマンショックや東日本大震災のときには、内定者に対して「内定辞退届」の提出を強要する等のトラブルもありました。悪質なケースでは、内定者に対して能力を著しく超える要求を意図的に行った上で「能力不足」「業界に向いていない」「不採用になるより辞退した方があなたのため」等の言葉で、内定辞退を迫る企業もありました。もし、皆さんが意に反して内定辞退を強要された場合には、すぐに応じず、大学のキャリアセンター等へ相談しましょう。

　複数内定が現在のトレンドになっており、2、3社程度は内定、もしくは内々定をもらっている学生がほとんどです。つまり、企業側も内定辞退があることは、ある程度承知しています。これまで面接等でお世話になったことを踏まえ、内定辞退とこれまで感謝の気持ちを速やかに伝えるといいでしょう。

　そのほか、内定中の研修やアルバイトが問題になることがあります。内定期間中に、内定先企業から研修へ参加するようにといわれたり、研修の一環としてアルバイトなどの形で実際に働くようにといわれたりすることがあります。このような提案には応じなければならないのでしょうか。本来、学生は学業に専念すべき立場にあるため、学卒定期採用（新卒採用）やそれに準ずる場合、内定期間中において企業が学生を研修に参加させたり、働かせたりすることができるのは入社後であるのが通常です。しかし、**内定者が自由意思で同意した場合に限り**、業務命令に応じて研修等に参加する義務が生じます。裁判例では、いったん研修の参加に同意したとしても、学業に支障がある場合等やむを得ない理由があるときには研修参加を取りやめることができるとされています。企業は、内定者が研修に同意しなかったり、同意した研修参加を取りやめたことを理由として、内定を取り消すことはできません（宣伝会議事件　東京地裁判決 平成17.1.28.）。

　なお、研修でもアルバイトでも業務命令に従った場合には「賃金」は支払われますし、その間にケガをした場合などには労災保険が適用されます。

（7）就職活動中のハラスメント

　職業選択の自由を妨げる行為や、学生の意思に反して就職活動の終了を強要するようなハラスメント的な行為（いわゆる「就活終われハラスメント」「オワハラ」）が問題となっています。大学に対してのアンケート調査では、「企業から学生の意思に反して他の企業等への就職活動の終了を強要するようなハラスメント的な行為（オワハラ）について、相談を受けたことがあるか」という質問に対し、「相談を受けたことがある」と答えた大学等は全体の30.8％ありました（文部科学省・就職問題懇談会「令和5年度就職・採用活

動に関する調査結果（大学等）」P.15）。

　また、面接等の場面で、セクシュアルハラスメントのような行為（性的な言動により、不快な思いをしたり、人権侵害を受けたと考えるすべての行為）も報告されています。これは正式な採用活動のほか、OB・OG訪問等でも発生しています。このような行為を受けた場合には、速やかに大学のキャリアセンター等に相談しましょう。

5　インターンシップ（就業体験）での留意点

　日本の大学等におけるインターンシップ（就業体験）は、「学生が在学中に自らの専攻、将来のキャリアに関連した就業体験を行うこと」として幅広く捉えられています。皆さんにとって、インターンシップは自己の職業適性や将来設計について考える機会となったり、大学等での研究と社会での実地体験を結びつけたりできる等、さまざまな意義があります。しかし、こうした本来的な目的とは異なり、就職活動の一環として、行われているものもあります。

　そこで、経団連と大学関係団体等の代表者によって構成される「採用と大学教育の未来に関する産学協議会」では、「インターンシップ」を改めて定義し、以下の4類型に整理しました。

・タイプ1：オープン・カンパニー
・タイプ2：キャリア教育
・タイプ3：汎用的能力・専門活用型インターンシップ
・タイプ4：高度専門型インターンシップ

　企業においては、タイプ3・4のインターンシップにおいて取得した学生情報を、採用活動開始以降に採用活動に活用することが可能となっています。

　いずれにしても、インターンシップに参加する場合、少なくとも次の事項を確認してください。

---

①インターンシップの期間、②実施場所、③インターンシップの内容、
④日程・時刻、⑤賃金の有無など
※インターンシップ参加が大学等での単位になる場合、単位取得のための書類作成などについて会社が協力してくれるのかといった点も確認が必要です。
※インターンシップ先やそこに行くまでの間に事故にあって怪我をしたりすることもあります。それに備えた保険に会社側が加入しているのか、自分で加入したほうが良いのかといった点も確認してください。

　インターンシップであっても、見学や体験的なものではなく、実際に業務に係る指揮命

令を受けて働いている等、一定の要件を満たす場合には、企業は労働基準法をはじめとする労働法のルールを守る必要があります。したがって、インターンシップと称してアルバイトと同じ業務内容を無給でさせられているなど、何か疑問を感じたら、大学のキャリアセンター等へ相談しましょう。

リスク回避、トラブル解決のためのノウハウ💡

- ・就職活動、インターンシップとも、確認事項を整理したうえで臨む。
- ・中長期に渡って就業するためには、若者雇用促進総合サイトの活用、志望企業の平均年齢・平均勤続年数に着眼する。
- ・就職活動、インターンシップへの参加などで、何らかのハラスメントと思われる言動があった場合には、所属大学、ハローワークなどに早めに相談する。
- ・聞きにくいことも質問の仕方しだいで、プラスに捉えてもらうことも可能。自分の具体的な就業イメージや意思を伝えながら質問する。

▶ 参考文献

国保祥子（2018）『働く女子のキャリア格差』筑摩書房。

齋藤孝（2023）『20歳の自分に教えたい日本国憲法の教室』SBクリエイティブ。

東京都産業労働局『就活必携・労働法（令和6年2月）』(https://www.hataraku.metro.tokyo.lg.jp/shiryo/r2_hikkei.pdf)。

厚生労働省『知って役立つ労働法（令和6年4月更新版）』(https://www.mhlw.go.jp/content/001241210.pdf)。

第 2 部　就職活動から卒業までに遭遇しそうな危険・トラブル　97

Column 6

マネージャー兼ママとしての長続きの秘訣とは

本 Chapter【演習 2】では、家事・育児の分担等、仕事と家事・育児の両立の工夫などを考えてもらいました。

かつての職場での仲間である野崎桃子さんは、偶然にも双子の赤ちゃんに恵まれ、現在も子育てをしながら、人材系企業にて広報の仕事を担当しています。職場ではマネージャーとしての仕事をこなし、帰宅すると双子のママに役割を変えて育児にあたります。

食事、おむつ交換、お風呂、着替えなど、すべて同時並行で二人分ですから、ほんとうに大変だろうと思います。

家事・育児と仕事の両立について、彼女にお話を伺うと、徹底した段取力、突発的なトラブルにも対応できる柔軟な思考力などが特に求められるようです。そして、これが仕事と子育てを両立させる秘訣だと思ったことがあります。それは、「自分でないとできない仕事か」という判断基準です。家事であれば、食事の支度、洗濯、掃除など、たくさんの家事と子どもの世話があります。しかし、「自分でないとできない仕事か」という判断基準を用いれば、食事の支度は夫に頼めないか、あるいは費用はかかりますが、洗濯、掃除などは家事代行サービスなども選択可能です。しかし、子どもたちとのスキンシップはママでないとできません。

真面目であるほど、全部自分で引き受けてパンク寸前なんてことになってしまいます。しかし、突発的なこと、自分が体調わるいときなど、果たして「自分でないとできない仕事か」という判断基準で代替方法を検討してみてください。

Chapter 7

大人としての自覚をもって行動する

大人として、ルール、法律を順守する

　通勤・通学等で普段から電車、バスなどの公共交通機関を利用している人も少なくないと思います。駅の構内では歩きスマホなどは控える、エスカレーターは歩かないなど、毎日放送で呼びかけています。また、こうしたマナーを啓発するポスターなども駅構内、電車内で見かけることでしょう。自転車を利用している人には運転しながらのスマホ利用を控えるよう、呼びかけるポスターなどを見たことがあると思います。歩きスマホは控えるといったことは、公共でのマナーの問題です。一方、自転車でのスマホ利用は明らかな法律違反です。いずれも、それほどわるいといった罪の意識はないでしょう。しかし、一歩間違えると大きな事故にもなりかねません。また、最近は、歩きスマホ、ながらスマホを条例で禁止する自治体も出てきています。「スマホ等の画面を注視しながら歩行すること」を禁止したり、「公共の場所において歩きスマホを行ってはならない」などと規定されています。

　ここでは、こうした日常生活において、皆さんが比較的遭遇しそうな問題を扱っていきます。いずれも、あまり問題だとは思っていないということが特徴です。しかし、法律やルールを守らない人が周囲にいると、その関係者は迷惑を被ることになります。あるいは、皆さんが加害者として検挙される恐れもあります。

　大きなトラブルや被害に巻き込まれないようにするため、及び加害者にならないためにも、正しいルール、法律に沿った行動を習慣にしてください。

この章の到達目標

□些細なことが、大きなトラブルや被害に巻き込まれる余地があることを認識する。
□日常生活を見直し、自分自身の問題行動を抽出し改善する。

知っておきたい関連法規

・民法709条（不法行為による損害賠償）、712条（責任能力）
・刑法9条（刑の種類）、204条（傷害罪）、205条（傷害致死罪）、206条（現場助勢罪）、209条（過失傷害罪）、210条（過失致死罪）、211条（重過失致傷罪、重過失致死罪）、218条（保護責任者遺棄罪）、223条（強要罪）
・自動車運転処罰法2、3条（危険運転致死傷罪）、5条（過失運転致死傷罪）
・20歳未満の者の飲酒の禁止に関する法律
・道路交通法63条の11（自転車の運転者等の遵守事項）

1 学びのためのウォーミングアップ

それでは、皆さんの学生生活を振り返り、「危ないなあ」と思ったことをあげてみましょう。自分のことでも、他人のことでも構いません。

演習1　危ないと思う行為

どのような行為があがりましたか。通学途中であれば、駅構内や交通量の多い路上での歩きスマホ、歩道を猛スピードで駆け抜けていく自転車などがあげられるでしょう。

ところで、歩きスマホによる事故がどのくらいあると思いますか。図表7-1は東京消防庁管内での歩きスマホ等による事故により、救急搬送された人員数です。年齢別には、20歳代がもっとも多く、30歳代、40歳代と続きます。

このデータは5年間の合計ですから、それほど多くはないという見方もあるでしょう。しかし、救急搬送されたわけですから、ちょっとぶつかってしまったという程度ではなさそうです。立ち止まってから利用するなど、自分自身のスマホ利用を見直してみてください。鉄道会社と携帯電話会社が合同で「**やめましょう、歩きスマホ。**」などのキャンペーンを行っていますが、冒頭で説明したとおり、自治体によっては条例により歩きスマホが禁

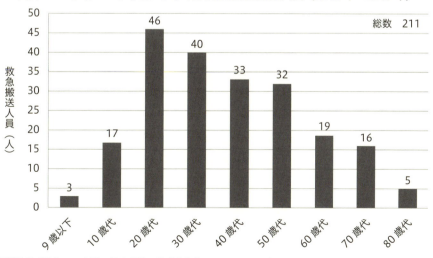

図表7-1　歩きスマホなどによる年齢区分別救急搬送人員（2015年～2019年）

出所：東京消防庁「歩きスマホ等に係る事故に注意！」(https://www.tfd.metro.tokyo.lg.jp/lfe/topics/201602/mobile.html)

止されています。どうか注意してください。スマホには次々と新たな情報が入ってくるため、それらを追いかけようとして視線はどうしても画面に集中してしまう傾向にあります。愛知工科大学名誉教授小塚一宏先生の調査によれば、画面を凝視している状態では、視野が20分の1になってしまうそうです。つまり、95％もの視野を失い、わずか5％の視野で歩いているわけです。歩きスマホはかなり危険な行為であると気づくでしょう。

　もう1問、考えてほしいことがあります。次は「迷惑だなあ」と思う行為です。【演習1】との明確な線引きはできないかもしれませんが、気になっている迷惑行為をあげてみてください。

演習2 ▶ 迷惑だと思う行為

　電車内でのスマホ関連、大声での会話、バックなどの荷物類の扱いのほか、図書館、授業での私語など、あれこれと迷惑行為があげられたことと思います。問題なのは、こうした問題行動に関しては、本人に問題だとする認識がなかったり、意識が低かったりすることです。こうしたことは、「これくらいはいいじゃないか」と思っている人とそうでない人との温度差もあり、対立を生むことにもなります。

　大切なことは、「**相手基準**」で考えるということです。自分としては「この程度のことは許容してくれるだろう」とか「それほど混雑もしていないし……」などと、自分の都合に合わせた解釈をしてしまいがちです。しかし、周囲の人がすべて同じような理解を示してくれるとは限りません。また、多くの人はトラブルを避けるため、迷惑行為があっても注意をすることはほとんどありません。そのため、「いつも注意されないし、今日も問題ないだろう」と判断してしまうわけです。こうした事情も理解したうえで、自分の行動をチェックしてみてください。

2 迷惑行為

　学生の迷惑行為に関して、大学によっては近隣から相当数の苦情が寄せられているようです。具体的には、住宅地を大声で話したり、横に広がって数人で歩く、空き缶、ペットボトル等の投げ捨てなどです。ひとたび大学を出れば、そこは公共の場です。

　そのほかにも、ワンルームマンションやアパートでの騒音、ゴミの分別などのマナーに関しても、トラブルが多いようです。前節であげた迷惑行為なども含め、大人としての自覚と行動が求められます。通学時、アパート・マンション在宅時、授業など、自分が誰か

に、何らかの迷惑をかけていないでしょうか。相手は不愉快に思っていても、対立を避けるため、通常ほんとうのことはなかなか話してくれないものです。大きなトラブルに発展したり、友だちを失わないためにも、他人への迷惑行為がないか、自分の行動を振り返ってみましょう。

演習3 他人への迷惑行為を振り返る

通学時	
在宅時	
大学	
その他	

　特にごみの出し方、分別については、それぞれの自治体ごとのルールもあります。わからなければ、ホームページなどで確認しましょう。そのほか、アパート、マンションでは、騒音の問題はつきものです。騒音がきっかけとなり、訴訟に発展したり、傷害事件にまでおよんだりするケースもあります。隣や上下階からの音は気になりますが、自分が出す音には無頓着な傾向があります。フローリングであれば、何か落とせば下の階にも響きます。また、掃除機、洗濯機などの生活音も時間帯によっては迷惑なものとなります。どうか周囲への気遣いも忘れないようにしてください。

　些細なことから、大きなトラブルに発展しないとも限りません。幼稚園、小学生の頃、友だちや兄弟と経験した喧嘩のことを思い出してみてください。ずるいことをしたので注意した、しつこくしたから嫌がられてついには手が出てしまったなど、何か記憶に残っていることがあると思います。子ども同士であれば、すぐに仲直りもできますが、大人の場合、暴力に発展すれば刑事事件にもなりかねません。子どものときのように、お互いに「ごめんね」といって解決できればいいですが、相手によっては円満に解決できない場合もあります。自分がだれかに迷惑をかけていないか、傷つけるようなことをしていないか。ここで一度、次の迷惑行為についてセルフチェックしてみてください。

演習 4 公共での迷惑行為

No.		迷惑と思われる行為
1	☐	電車等で混雑していても奥に進まずに入口付近で立ち止まる
2	☐	改札や階段に近いところで降りたいので、駅に止まるたびに電車の車両を移動する
3	☐	電車等で足を組んで座る
4	☐	他人の方向に顔を向けたまま咳やくしゃみをする
5	☐	新幹線などで後ろの人に配慮せずにシートを大きくリクライニングする
6	☐	電車等に降りる人よりも先に乗ろうとする
7	☐	電車等に駆け込み乗車をする
8	☐	ほんとうにエレベーターを必要とする状況の人に順番を譲らない
9	☐	エレベーターで操作盤のところにいると、開閉等の操作をしなければならないので奥のほうに行く
10	☐	エレベーターの操作盤の前で「開けるボタン」を押してくれている人に何もいわずに降りたり乗ったりする
11	☐	濡れた傘を袋に入れずにショップ、スーパーなどに入店する
12	☐	スーパーなどで後ろの人を気にせず商品を見定めている
13	☐	近くに人がいるのに勢いよく傘を振ってしずくを飛ばす
14	☐	トイレの洗面所で手を洗い洗面台を水浸しにしても拭かない

　いずれも法令違反になる行為ではありませんが、「失礼だなあ」「常識がないのか」「周りの人のことを考えないのかなあ」など、周囲の人の心の声が聞こえてきそうです。こうした行為は習慣になりやすいと思われます。入口付近にいれば、すぐに降りられますし、エレベーターでいつも奥にいれば、操作盤のボタンを押さずに済みます。しかし、誰かに迷惑をかけている、誰かを不快にさせているということを認識しなければなりません。たとえば、これが逆だったらどのように変わるでしょうか。つまり、一声かけて座席をリクライニングする、「ありがとうございます」といってエレベーターを降りるなど、公共マナーが向上すれば、皆がストレスも減り、気持ちよく過ごせます。また、こうした行為は親子間、先輩・後輩間などでも伝播しがちです。つまり、自分のとった迷惑行為が自分の周囲でさらに拡大することことになります。これでは、迷惑行為は減少していきません。

　大切なことは、周囲をよく観ること、他人にどのような迷惑をかけているかを考えることです。

　「自分は他人に迷惑なんてかけていない」と思っている人もいると思います。こんなとき、友だちに尋ねてみるとよいでしょう。マナーなどで自分では気づいていないけど、他人には不快感を与えているなんてことがあるかもしれません。友だちに尋ね、気になることは改善していけばいいのです。

　続いてスマホ利用に関してです。駅構内でも歩きスマホなどを控えるよう、毎日のように呼びかける放送が流れています。それだけ危険でありトラブルも多いものと思われます。さて、駅構内で歩きスマホでゆっくりと歩いている人があなたの前にいたとします。

あなたはどのように思いますか。

　おそらくもう少し早く歩いてほしいとか、歩きスマホをやめてほしいと思うでしょう。スマホを使っている人はどうしても歩く速度が落ちます。そして、歩行中に蛇行したり、エスカレーターの降り口で突然立ち止まったりすることなどもあります。皆が一斉に歩いている中で、誰かがそうした行動をとると、衝突事故にもつながりやすくなります。あるいは混雑している階段等であれば将棋倒しなんてことにもなりかねません。これだけ注意喚起を呼びかけられても改善されないスマホのマナーですが、「自分だけは大丈夫」と考えず、いったん立ち止まってから利用する習慣をつけてください。自分の行動が周囲の人にストレスを与えているということも想像しなければなりません。こうした行動はトラブルに発展しないとも限りません。周囲への配慮も忘れないでください。

3　アルコールの強要

　Chapter 2 でも学んだとおり 2022 年 4 月、成人年齢が引き下げられましたが、飲酒、喫煙、ギャンブルなどに関しては、変わらず 20 歳未満には禁止されています。しかし、大学生になると、部・サークル活動などで、お酒が出されるイベントに参加する機会もあるでしょう。自分としては、法律で禁止されていて、飲めないとわかっていても、「1 杯だけなら」と、その場の雰囲気にのまれてしまうということもあるでしょう。しかし、20 歳未満の飲酒は法律で禁止されています。そして、20 歳未満であることを知りながら、酒類を販売することも犯罪行為となり、罰金刑に処せられることがあります。居酒屋などで、年齢を尋ねられた経験はありませんか。これは法令に則り、年齢確認をしているわけです。

　それでは、飲酒を強要すると、どのような犯罪になるのでしょうか。次の表で確認していきましょう。

内容	罪名	適用法令	罰則
相手を脅したり、押さえつけたりして無理やり飲酒させた場合	強要罪	刑法223条	3年以下の懲役
最初から酔いつぶすことを目的に飲酒させた場合は傷害罪、酔いつぶす目的はなかったものの結果的に酔いつぶした場合は過失傷害罪または重過失致傷罪	傷害罪 過失傷害罪 重過失致傷罪	刑法204条 刑法209条 刑法211条1項後段	15年以下の懲役または50万円以下の罰金 30万円以下の罰金または科料 5年以下の懲役もしくは禁錮または100万円以下の罰金
酔いつぶしたことにより死亡させた場合、酔いつぶす目的の有無等により傷害致死罪、過失致死罪、重過失致死罪	傷害致死罪 過失致死罪 重過失致死罪	刑法205条 刑法210条 刑法211条1項後段	3年以下の有期懲役 50万円以下の罰金 5年以下の懲役もしくは禁錮または100万円以下の罰金
酔いつぶれた者をそのままにして立ち去った場合	保護責任者遺棄罪	刑法218条	3か月以上5年以下の懲役
直接飲酒させるのではなく、周りではやし立てるなどした結果、酔いつぶした場合	現場助勢罪	刑法206条	1年以下の懲役または10万円以下の罰金もしくは科料

※令和7年6月1日以降は、懲役、禁錮は拘禁刑に統一される

　直接的な飲酒の強要ばかりか、酔いつぶれた者をそのまま放置してしまったり、周りではやし立てるということも罪に問われてしまいます。どうか被害者にも加害者にもならないよう、しっかりと法律を理解し、順守してください。

　なお、大阪大学のホームページには、「阪大生の飲酒についての心得」が掲載されています（https://www.osaka-u.ac.jp/ja/campus/life/caution/drink）。そのなかに、20歳未満の学生が同席する際には、「20歳未満には、ネックストラップ、缶バッチ、シール等を着用させ、飲酒をしない・させないようにしてください。」との記載があります。こうした目印があると、たとえ周囲の学生が酔っていたとしても、視認性も高く、強要することをセーブできるアイデアだと思います。こうした工夫を部・サークル単位で導入することが、結果的に全員を被害者にも加害者にもさせないものとなります。

4　自動車事故

(1) 交通事故件数の推移

　日常生活のなかで、もっとも多い人身に関わる事故は交通事故でしょう。皆さんも、大学やアルバイトへの移動、部・サークル活動での合宿、友だちとの旅行など、公共交通機

関のほか、自動車を使う機会もあるでしょう。

　道路交通事故（人身事故に限る）の長期的推移をみると、戦後、昭和20年代後半から40年代半ばごろまでは、交通事故死者数及び負傷者数ともに著しく増加しました。これは、車社会の急速な進展に対して、道路整備、信号機、道路標識等の交通安全施策が不足していたことはもとより、車両の安全性を確保するための技術が未発達であったことや、交通社会の変化に対する人々の意識が遅れていたことなど、社会の体制が十分に整っていなかったことが要因であったと考えられています。このため、交通安全の確保は焦眉の社会問題となり、1970年に交通安全対策基本法が制定され、国を挙げての交通安全対策が進められました。

　こうした成果により、2021年の交通事故死者数は2,636人となり、過去最悪であった1970（昭和45）年の1万6,765人のおよそ6分の1となりました（図表7-2参照）。しかし、多くの関係者の努力、車の安全性能の向上などにより、死者数は減少しているものの、0（ゼロ）ありません。普段から気を付けてください。

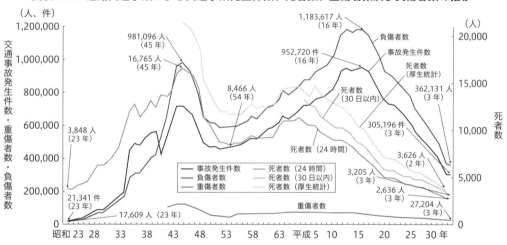

図表7-2　道路交通事故による交通事故発生件数、死者数、重傷者数及び負傷者数の推移

注 1　警察庁資料による。
　 2　「死者数（24時間）」とは、交通事故によって、発生から24時間以内に死亡した人数をいう。
　 3　「死者数（30日以内）」とは、交通事故によって、発生から30日以内（交通事故発生日を初日とする。）に死亡した人数をいう。
　 4　「死者数（厚生統計）」は、警察庁が厚生労働省統計資料「人口動態統計」に基づき作成したものであり、当該年に死亡した者のうち原死因が交通事故によるもの（事故発生後1年を超えて死亡した者及び後遺症により死亡した者を除く。）をいう。
　　　なお、平成6年以前は、自動車事故とされた者を、平成7年以降は、陸上の交通事故とされた者から道路上の交通事故ではないと判断されるものを除いた数を計上している。
　 5　「重傷者数」とは、交通事故によって負傷し、1箇月（30日）以上の治療を要する者の人数をいう。
　 6　昭和41年以降の交通事故発生件数は、物損事故を含まない。
　 7　死者数（24時間）、負傷者数及び交通事故発生件数は、昭和46年以前は、沖縄県を含まない。

出所：内閣府『令和4年交通安全白書』P.37（https://www8.cao.go.jp/koutu/taisaku/r04kou_haku/zenbun/genkyo/h1/h1b1s1_1.html）

(2) 問われる責任

　万一、自動車を運転していて、加害者になったとしましょう。その場合、次のように4つの責任を問われることになります。

民事上の責任（加害者の被害者に対する損害賠償責任）	故意または過失による損害賠償責任（民法709条）を負う。こうした事故による損害賠償は、自動車保険に加入していれば、当該保険によって対応することとなる。
刑事上の責任（過失に対する加害者の責任）	民事上の責任だけではなく、刑事上の責任が問われ、犯罪として処罰を受けることがある。過失により相手に傷害を負わせてしまえば、過失傷害罪（刑法209条1項）となり、30万円以下の罰金または科料に科せられる。また、過失により相手を死亡させてしまえば過失致死罪（刑法210条）となり、50万円以下の罰金となる。また、重過失致死罪（刑法211条後段）となると、5年以下の懲役もしくは禁錮または100万円以下の罰金となる。 そのほか、危険運転致死傷罪（刑法208条の2）は適用条件が厳しすぎるとの指摘があり、刑法から独立し、2014年、自動車運転処罰法が施行され罰則が厳しくなった。過失による死傷事故の場合、過失運転致死傷罪として7年以下の懲役もしくは禁錮、または100万円以下の罰金が科されることとなった（自動車運転処罰法5条）。また、特に悪質なものについては、危険運転致死傷罪として、さらに重い懲役刑が科されることとなった（自動車運転処罰法2条、3条）。これは正常な運転が困難なほどの飲酒運転、薬物使用運転、高速運転、技能不足での運転、信号無視などの場合に適用される。
行政上の責任	交通違反や交通事故を起こした場合、さらに将来における危険を防止するため、運転免許を取り消したり効力を一定期間停止する。行政処分は点数制度によって行われ、違反や事故に所定の点数が加算され、累計点数が一定になったときに処分が行われる。合計点数が所定の基準に達したとき、運転免許の取り消し・停止処分が行われる。なお、違反点数については図表7-3参照。
所属組織での責任	所属の組織において、就業規則に則り、懲戒処分を受けることもある。

※令和7年6月1日以降は、懲役、禁錮は拘禁刑に統一される

　交通違反に対しては、**図表7-3**のような減点のほか、反則金の納付が求められます。反則金とは交通違反通告制度に基づき科される過料のことです（科料は刑事罰ですが、過料は行政罰です）。

　また、道路交通法では、飲酒運転に関しても厳しい刑事罰が科されます。酒気帯び運転には3年以下の懲役（令和7年6月1日以降は拘禁刑）または50万円以下の罰金、酒酔い運転には5年以下の懲役（令和7年6月1日以降は拘禁刑）または100万円以下の罰金が科されます。

　ひとりであれば、冷静な判断ができても、友だち同士などでは、気が緩み、「ビール1杯だけならいいだろう」などという安易な思いがはたらくことがあります。しかし、刑事罰に科され、前科になってしまうということを、決して忘れないでください。

図表 7-3　違反行為の点数例

違反行為の種別	点数
酒酔い運転	35
酒気帯び	25（0.25 以上）、13（0.25 未満）
妨害運転	35（著しい交通の危険）、25（交通の危険のおそれ）
速度超過	12（50 以上）、2（20 以上 25 未満）、1（20 未満）
放置駐車違反	3（駐停車禁止場所等）、2（駐車禁止場所等）
携帯電話使用等	6（交通の危険）、3（保持）

※ 2024 年 4 月 1 日現在。そのほかの違反点数は、警視庁「交通違反の点数一覧表」を参照のこと（https://www.keishicho.metro.tokyo.lg.jp/menkyo/torishimari/gyosei/seido/tensu.html）。

（3）交通事故の頻度の高いエリアとは

　一般社団法人日本損害保険協会のホームページには、「2022 年の事故多発交差点ワースト 10」が掲載されております（https://www.sonpo.or.jp/about/useful/kousaten/2022/）。それによると、人身事故のもっとも多かった交差点は、東京都板橋区の「熊野町交差点」で、19 件です。つまり、平均すれば 1 か月に 1 回以上、人身事故が発生していることになります。

　国土交通省では、「事故危険箇所検索マップ」を公開しており、エリアを指定して危険箇所を検索することができます（ttps://www.mlit.go.jp/road/road/traffic/sesaku/danger-point-map/）。なお、東京都で検索すると、50 箇所以上に渡る地域が公開されています。こうした情報も参考にして、運転してください。

　また、**図表 7-4** は道路形状別の死亡事故発生件数です。2023 年中の交通死亡事故発生件数を道路形状別にみると、交差点内（34.6％）が最も多く、全体の 3 割強の死亡事故は、交差点内で発生していることがわかります。また、交差点付近まで含めれば、半数近くの死亡事故が交差点やその付近で発生しているわけです。こうした情報がわかれば、特に注意すべきポイントがわかります。事故のリスクが高いわけですから、いっそうの注意が必要という認識を持つことができます。

　それでは、自宅、大学、アルバイト先など、よく行く場所までに利用する道路の危険箇所を、先の「事故危険箇所検索マップ」で確認してみましょう。これは自動車、自転車の利用、歩く場合でも確認しておきましょう。

演習 5　よく利用する道路の危険度をチェックする

主な行先	危険箇所
自宅付近や駅までの道路	

主な行先	危険箇所
駅から大学までの道路	
駅からアルバイト先までの道路	
その他（　　　　　　）	

図表 7-4　道路形状別交通死亡事故発生件数（2022 年）

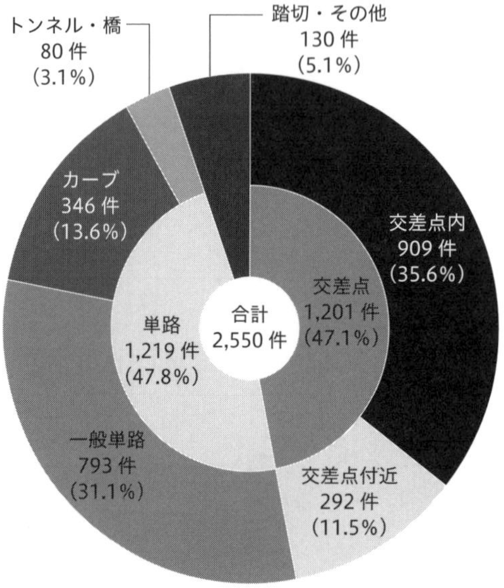

トンネル・橋
80 件
（3.1%）

踏切・その他
130 件
（5.1%）

カーブ
346 件
（13.6%）

交差点内
909 件
（35.6%）

交差点
1,201 件
（47.1%）

合計
2,550 件

単路
1,219 件
（47.8%）

一般単路
793 件
（31.1%）

交差点付近
292 件
（11.5%）

※警察庁資料による。
出所：内閣府『令和 5 年版交通安全白書』P.61（https://www.8.cao.go.jp/koutu/taisaku/r05kou_haku/pdf/zenbun/
1-1-1-2.pdf）

　こうして危険箇所を予め把握しておけば、危険な交差点などでは特に慎重に確認するなどの対応をとることができます。こうした情報を利用し、被害者にも加害者にもならないようにしましょう。

　なお、同白書では、自動車乗車中の交通事故におけるシートベルト着用有無別致死率（2023 年）も掲載されています。それによると、非着用の致死率は着用のおよそ 14.6 倍となっています。シートベルトの着用が自分の命を守ることと直結しているわけです。

　そのほか、安全運転のすすめとして、元裁判官で明治大学教授の瀬木比呂志先生は著書のなかで、次のようなことを知っておくだけで事故のリスクを大幅に減らせると説かれています。

①事故の多い時間帯・場所等の把握

　もっとも事故の多い時間帯は、午後5時から8時までの「薄暮時間帯」であり、ことに10月から12月には、この時間帯の事故が多く、事故の内容としては、歩行者が道路横断中に自動車にはねられるケースが多いそうです。

②制限速度を守る

　当たり前だと思われるかもしれませんが、瀬木先生は、空走距離（ブレーキを踏むまでの間に走ってしまう距離）と制動距離（ブレーキをかけてから停止するまでの距離）をもとに速度制限の順守を述べています。濡れた道路で危険を感じてから停止するまでの距離は、時速40キロであれば25メートル、時速60キロになると49メートルになるそうです。つまり、雨の日に時速60キロで運転していれば、およそ50メートル先までの車両や歩行者の動きに反応していかなければならないということになります。

　運転するとき、スピードと停止までにかかる距離の関係などを把握していれば、車間距離や制限速度順守の重要性なども理解できると思います。

（4）自動車保険の仕組み

　万一の事故に備えて、自動車保険には、自賠責保険（強制保険）、自動車保険（任意保険）があります。下のように自賠責保険が1階部分で、その補償の限界を補う保険が2階部分の自動車保険（任意）となります。

自動車保険（任意）	民間保険会社によるもの
自賠責保険（強制）	死亡 3,000 万円 後遺障害 4,000 万円（等級に応じて） 障害 120 万円

　自賠責保険は、自動車損害賠償保障法によって、自動車のほか、バイク、原付にも強制的に加入が義務付けられているものです。自賠責保険に未加入、または有効期限切れで車を運転すると、1年以下の懲役（令和7年6月1日以降は拘禁刑）または50万円以下の罰金に処せられます。なお、自賠責保険は事故により使用した被害者の保護が目的のため、物損事故には適用されません。そのため、任意保険への加入も必要となってきます。任意という名称のとおり、強制されるものではありませんが、運転する人はほとんど加入しています。これは前述のとおり、自賠責保険でカバーできない部分を補うものです。運転する人は自分が加入している保険によりどのようなことが補償されているのか、確認してみてください。

（5）危険予測のためのトレーニング

　自動車運転は、認知・判断・操作を繰り返すことによって行われていますが、認知と判断の間に「予測」をすることによって交通事故を未然に防ごうとするのが「危険予測」という考え方です。危険予測能力は、運転中に起こり得る交通環境の変化を予測し、予測された危険を回避するための適切な判断・操作を事前に実施して、予め危険に備えようとする、運転には欠かせない能力です。「危険予測」においてどのような情報が危険の兆候と

110

なるのか、どのように交通事故を防ぐことができるのかを考えてみましょう。

危険予測能力を高めるためには、危険に繋がりそうな"きざし"を捉え、その後に起こり得る状況を予測し、どのような運転を心がけるべきか、日頃からイメージすることが大切です。また、イメージとトレーニングを繰り返すことにより、交通事故防止に必要な思考と習慣が身に付きます。

次のような場面から、それぞれ「予測される危険（どこに危険があるか）」を考えてみましょう。

演習6　予測される危険と危険を避けるための運転を考える

交差点内での右折
交差点内で右折待ちをしていると、対向車がパッシングライトで合図し道路を譲ってくれた。このとき、どのようなことを想定して右折すればいいか。
予測される危険
駐停車の多い道路での走行
片側1車線の道路の両側に駐停車車両が並んでいる。このとき、どのようなことを想定して走行すればいいか。
予測される危険

「交差点内での右折」の場面では、譲ってくれたトラックのかげから直進のバイクなどが来る、右折した先の横断歩道を歩行者や自転車が突然横断してくる、右折した先の道路に車が停止しているなどが予測されます。したがって、慌てて右折せずに対向車のかげにバイクなどがいないかを確認しながら、徐々に進むことがポイントです。また、右折した先の横断歩道や道路の状況にも注意が必要です。道路を譲ってくれた人のことを考えて、急いだり、慌ててしまいがちですが、落ち着いて確認しながら進みましょう。

「駐停車の多い道路での走行」では、駐停車している車が急に発信する、駐停車している車のドアが突然開く、駐停車している車のかげから歩行者が飛び出してくるといったことが予測されます。こうした道路では、駐停車している車と十分な側方間隔をとる、いつでも止まれるよう速度を落として運転するといったことが求められます。また、ブレーキランプのついている車には運転者が乗っており発車の可能性があるなどといったことも想

定しなければなりません。

　危険につながる"きざし"を見つけることができても、それを正しく危険と感じ、適切な判断・操作をしなければ事故になってしまいます。特に、「～だろう」や「まさか～とは思わなかった」など、自分本位な判断をしてしまうと、結果的に事故を起こす可能性が高まります。「もしかしたら～かもしれない」と考える習慣を身につけましょう。また、危険要因には近づかない、予め速度を調節する、安全確認を徹底するなど、より危険の少ない運転行動をとることが大切です。日頃からイメージとトレーニングを繰り返し、危険予測能力を高め、交通事故を未然に防ぐことができるようになりましょう。

5 ▶ 正しい自転車運転とは

(1) 車両としての自転車

　交通事故というと、一般的には、自動車が絡んだ事故を思い浮かべることでしょう。しかし、近年、自転車事故も増加傾向にあり、法改正なども進んでいます。免許証も不要で気軽に乗れることから、正しい交通ルールを知らなかったり、事故に対する認識も低いものと思われます。まずは、次の問題にチャレンジしてみましょう。

演習7　自転車運転に関わる法律（○×で解答）

No.	解答	問題
1		歩道に歩行者がいない場合、自転車は運転者の年齢や道路標識等の有無にかかわらず、歩道を通行できる。
2		自転車で、車道の右側を通行した場合でも違反にならない。
3		自転車横断帯のある交差点を自転車で横断する際は、自転車横断帯を進行しなければならない。
4		近くに自転車横断帯がなく横断歩道がある場合で、横断歩道に歩行者がいないときは、自転車に乗ったままで横断歩道を横断してもよい。
5		夜間、自転車で商店街等の明るいところを走行する場合、ライトなしで走行することができる。
6		自転車に乗ったままで、雨の日に傘をさしたり、リード（ひも）を持って愛犬を散歩させたり、携帯電話で通話することは違反である。
7		自転車が歩道でベルを鳴らしながら走行し、進行方向の歩行者をよけさせていることは違反である。

※）警視庁「自転車の通行方法等に関する○×クイズ」をもとに作成（正解はこのChapterの最後にあります）。

　まず、認識してほしいことは、自転車は道路交通法上、**「軽車両」**であるということです。したがって、歩道と車両の区別のあるところでは、原則として車道を通行することになります。歩道で「自転車通行可」という標識を見たことがあると思います。この標識が示すとおり、原則はあくまで車道通行だということです。歩道は歩行者優先であり、自転車は車道寄りの部分を徐行しなければならず、歩行者の通行を妨げるような場合には一時

停止しなければなりません。自転車を「運転」するとき、「**自転車は軽車両である**」という認識をもってください。

なお、**図表 7-5** は、自転車乗用中の死者の推移に関するデータです。「高齢者以外」（右側）のグラフを見ると、直近の令和4（2022）年では、7割以上が「法令違反あり」です。つまり、交通ルールを守ることが、自分の身を守ることにつながるわけです。

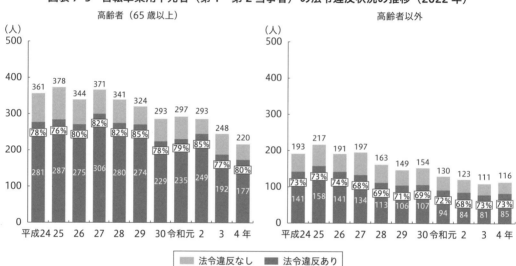

図表 7-5　自転車乗用中死者（第1・第2当事者）＊の法令違反状況の推移（2022年）

※）警察庁資料による
出所：内閣府『令和5年版交通安全白書』P.64（https://www8.cao.go.jp/koutu/taisaku/r05kou_haku/pdf/zenbun/1-1-1-2.pdf）

＊第1当事者：最初に交通事故に関与した事故当事者のうち、最も過失の重い者をいう。第2当事者：最初に交通事故に関与した事故当事者のうち、第1当事者以外の者をいう。

(2) 保険加入の義務化

万一、自転車を運転していて歩行者に怪我を負わせてしまえば、多額の損害賠償が生じる可能性もあります。東京都では、2020年4月1日から「東京都自転車の安全で適正な利用の促進に関する条例」が改正され、自転車利用中の事故により、他人に怪我をさせてしまった場合などの損害を賠償できる「自転車の利用によって生じた損害を賠償するための保険・共済」への加入が義務となりました。こうした自転車運転に対する保険加入を義務化する条例が各自治体で拡大しています。なお、**図表 7-6** は自転車事故により訴訟となったケースです。このように被害の大きさにより数千万円の賠償金を支払わなくてはならない場合もあります。この賠償責任は、未成年といえども責任を免れることはできません。もっとも、未成年者に責任能力（自分の行為の責任を認識するに足りる能力）がない場合には、損害賠償義務を負いません（民法712条）。おおむね12〜13歳程度であれ

ば責任能力が認められると考えてよいでしょう。

図表 7-6　自転車での加害事故例

判決容認額	事故の概要
9,521万円	男子小学生（11歳）が夜間、帰宅途中に自転車で走行中、歩道と車道の区別のない道路において歩行中の女性（62歳）と正面衝突。女性は頭蓋骨骨折等の傷害を負い、意識が戻らない状態となった。（神戸地方裁判所、2013（平成25）年7月4日判決）
9,330万円	男子高校生が夜間、イヤホンで音楽を聞きながら無灯火で自転車を運転中に、パトカーの追跡を受けて逃走し、職務質問中の警察官（25歳）と衝突。警察官は、頭蓋骨骨折等で約2か月後に死亡した。（高松高等裁判所、2020（令和2）年7月22日判決）
9,266万円	男子高校生が昼間、自転車横断帯のかなり手前の歩道から車道を斜めに横断し、対向車線を自転車で直進してきた男性会社員（24歳）と衝突。男性会社員に重大な障害（言語機能の喪失等）が残った。（東京地方裁判所、2008（平成20）年6月5日判決）

※）判決認容額とは、上記裁判における判決文で加害者が支払いを命じられた金額です（金額は概算額）。上記裁判後の上訴等により、加害者が実際に支払う金額とは異なる可能性があります。

出所：一般社団法人日本損害保険協会「自転車事故と保険」より（https://www.sonpo.or.jp/about/useful/jitensya/index.html）

（3）ヘルメット着用の努力義務

　道路交通法の改正により、自転車の運転者はヘルメットをかぶるよう努めなければならいと規定されました（道路交通法63条の11）。自転車を運転する際は、運転する本人のほか、同乗する人にもヘルメットをかぶらせるように努めなければなりません。こちらはあくまで努力義務であり、罰則等はありませんが、自分の身を守るためにも、着用しましょう。

（4）自転車の法令違反に対する厳罰化

　2023年中の自転車関連事故（自転車が第1当事者又は第2当事者となった交通事故をいいます）の件数は72,339件で、前年より2,354件増加しました。全交通事故に占める構成比は2017（平成29）年以降増加傾向にあります。また、そのうち、信号無視、交差点安全進行等に関する法令違反があった交通事故は、50,308件と全体の69.5%を占めています。また、自転車関連死亡重傷事故（第1・第2当事者）件数の推移を見ると、2013（平成25）年と比較し、2022（令和4）年は約3割減少しているもの、7,000件を超えています（**図表7-7**参照）。年齢層別に見ると、65歳以上の件数が一番多く、19歳以下がそれに続きます。つまり、これらの年齢層と思われる人が自転車を運転していたら、特に注意する必要があるということです。

　こうした状況を受けて、政府は自転車の悪質な交通違反に対し、車やオートバイと同じように反則金を課す、いわゆる「青切符」による取締りの導入を盛り込んだ道路交通法の改正案を閣議決定され、2026年までには実施されることとなりました。

　手軽に利用できるのが自転車のいいところですが、免許証も不要なため、道路交通法などの順守に対する意識も希薄だと思われます。自転車も車両であるという認識をもち、安

図表 7-7　自転車関連死亡重傷事故（第1・2当事者）件数の推移（平成25年～令和4年）

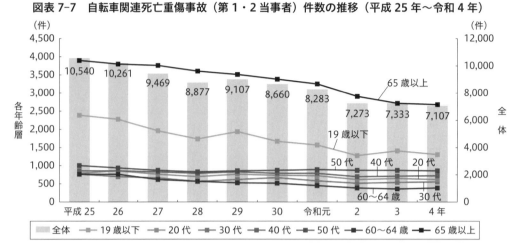

（件）	H25	H26	H27	H28	H29	H30	R1	R2	R3	R4	H25比較
19歳以下	2,396	2,285	1,968	1,757	1,933	1,666	1,572	1,274	1,420	1,314	−1,082
20代	833	892	758	714	758	734	735	625	658	615	−218
30代	757	701	657	574	627	674	578	516	544	550	−207
40代	841	864	815	780	842	799	803	696	734	714	−127
50代	1,006	941	870	845	890	873	893	861	879	855	−151
60～64歳	795	759	634	574	538	527	455	384	370	378	−417
65歳以上	3,912	3,819	3,767	3,633	3,519	3,387	3,247	2,917	2,728	2,681	−1,231
全体	10,540	10,261	9,469	8,877	9,107	8,660	8,283	7,273	7,333	7,107	−3,433

注　1　警察庁資料による。
　　2　自転車乗用者が第1又は第2当事者となった事故の件数であり、自転車乗用者の相互事故は1件とした。
出所：内閣府『令和5年版交通安全白書』P.2（https://www8.cao.go.jp/koutu/taisaku/r05kou_haku/pdf/zenbun/f-1-1.pdf）

全運転を心がけましょう。
　この機会に加入している保険の確認、ヘルメットの着用をお願いいたします。

交通事故にあわないためには

　さて、法律を守っていれば、事故にあわないでしょうか。自分が信号を守っていても、相手が見落とすこともあり得ます。信号が青になっても、左右の確認は必要です。信号を守らないほうがわるいですが、確認を怠り怪我をすれば、学業、アルバイトなどに支障を来します。相手がうっかり見落とすこともあるということをいつも認識しておくとよいでしょう。警視庁のホームページには、歩行者の交通事故防止のためのアドバイスがあります。横断歩道を渡るときは、効果的で簡単な3つのチェックを促しています。

①車が来ていないかをチェック

　横断歩道を渡る前に左右から車が来ていないかを確認する

②車が止まったかをチェック

　横断歩道を渡る前に車がきちんと止まったかを確認する

④横断中も車をチェック

　横断歩道を渡っている間も左右から車が来ないかを確認する

そして、さらに手をあげる、車のほうを見るなどして、ドライバーに渡りたいという気持ち伝えることが効果的であると説明されています。道路を渡るというだけでも、相手との意思疎通が重要になってくるわけです。

リスク回避、トラブル解決のためのノウハウ💡

・交通事故等で被害者・加害者にならないよう、危険箇所を予めチェックしておく。

・自転車も道路交通法の適用対象車両（軽車両）であるという自覚をもって運転する。

・自転車に乗るときには、保険に加入し、ヘルメットを着用する。

・交通ルールを守ることのほか、道路上では確認も重要である。相手が信号を見落とすこともある。道路の横断などでは、信号とともに、車の停止を確認する。

▶ 参考文献

瀬木比呂志（2023）『我が身を守る法律知識』講談社。

東京海上日動『安全運転ほっと NEWS（2024 年 1 月号）』「危険予測で交通事故を未然に防ぐ」

　（https://www.tokiomarine-nichido.co.jp/world/guide/drive/202401.html）。

演習 7 の解答

1：×、2：×、3：○、4：○、5：×、6：○、7：○

―― Column 7 ――

ヘルメットを着用しよう

　改正道路交通法の施行により、すべての自転車利用者のヘルメット着用が努力義務となりました。しかし、街中を歩いていてもまだまだヘルメットの着用は進んでいないように思われます。

　警視庁の調査によれば、東京都内での自転車事故で死亡した人の6割強が、頭部に致命傷を負っています。また、ヘルメットを着用している場合と比較して、着用していない場合の致死率は約2.7倍となっています。

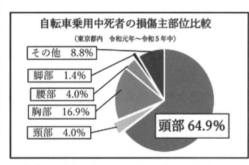 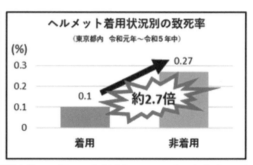

出所：警視庁ホームページ「自転車用ヘルメットの着用」(https://www.keishicho.metro.tokyo.lg.jp/kotsu/jikoboshi/bicycle/menu/helmet.html)

　このデータからもわかるとおり、自転車に乗るときはヘルメットを着用し、頭部を守ることが重要です。夏場は暑くて蒸れる、せっかくのヘアスタイルが崩れてしまう、ヘルメットを持ち歩くのが面倒など、普及しない事情もあると思います。しかし、ヘルメットの着用により、万一のときにも、自分の命を守ることができます。ヘルメット着用を前提として、暑くて蒸れる、持ち歩くのが面倒といったことの解決策を考えてみてください。自分の身は自分で守ることが大切です。

Chapter 8

結婚・恋愛するとき

これだけは知っておきたい法律

　友だち同士で結婚・恋愛などが話題になることもあると思います。大学生となり行動範囲も広がっていますから、出会いの機会も増え親しくなることもあるでしょう。我が国では、結婚に関しても、法律の規定があります。具体的には、憲法、及び民法に関連する規定があります。まず、憲法24条では、「婚姻は、両性の合意のみに基いて成立し、夫婦が同等の権利を有することを基本として、相互の協力により、維持されなければならない。」と規定されています。この規定の趣旨は、かつての家父長的家族制度の否定にあります。家父長的家族制度とは、一家の長である家長（男性）が家族の人たちに対して絶対的な支配権をもつもので、お互いの意思より、家長の意向が尊重されていたわけです。そして、新憲法ではこうした家制度を否定するため、憲法24条の規定があるわけです。

　わたしたちは、通常、憲法を意識して生活することはありませんが、こうした規定に守られているからこそ、自由な恋愛ができるともいえます。

　そして、結婚、家族関係については、民法が規定しています。民法は全5編（全1050条）から構成されていますが、その第4編が「親族」、第5編が「相続」について規定しています。

この章の到達目標

□婚姻の成立要件、夫婦に関する法律を理解する。
□恋愛にかかわるトラブルを回避、解決することができる。

知っておきたい関連法規

・憲法24条（家族関係における個人の尊厳と両性の平等）
・民法709条（不法行為による損害賠償）、725条（親族の範囲）、731条（婚姻適齢）、732条（重婚の禁止）、734条（近親者間の婚姻の禁止）、735条（直系姻族間の婚姻の禁止）、736条（養親子等の間の婚姻の禁止）、742条（婚姻の無効）、750条（夫婦の氏）、752条（同居、協力及び扶助の義務）、755条（夫婦の財産関係）、756条（夫婦財産契約の対抗要件）、760条（婚姻費用の分担）、761条（日常の家事に関する債務の連帯責任）、762条（夫婦間における財産の帰属）、768条（財産分与）、770条（離婚理由）
・ストーカー規制法2条（ストーカー行為の定義）

1 学びのためのウォーミングアップ

　それでは、「結婚・恋愛におけるトラブル」というと、どのようなことを連想しますか。結婚、恋愛で異なることもあるでしょうから、それぞれ分けてトラブルをあげてみましょう。

演習1 結婚・恋愛におけるトラブル

結婚	恋愛

　どのようなトラブルがあげられましたか。結婚であれば、家事についての分担、子どもの扶養や子育てに関する意見の食い違いなどがあるでしょう。交際中であれば、別れ際のトラブルなどがあげられたことと思います。結婚・恋愛といった人間関係においては、当然ながら相互の信頼関係が前提となりますから、法律の順守はもとより、倫理・モラルも問われるところです。相手の信頼を裏切るような行為は相手を傷つけることにもなりかねません。大人として、相手に対する、誠意、思いやりが特に問われるところです。

2 婚姻の成立要件

　交際が実り、お互いに結婚しようということになれば、婚姻手続が必要です。婚姻（結婚）が成立するためには、大きく分けて2つの要件（実質的要件と形式的要件）が必要となります。具体的には、次のとおりです。

> 実質的要件：当事者の婚姻意思が合致していること
> 形式的要件：婚姻障害事由が存在しないこと、婚姻届の届け出

　婚姻届を提出し夫婦になることを「法律婚」、婚姻届を提出しないものの、実質的に夫婦同然であることを「事実婚」といいます。名字を変えたくない、法律に縛られたくないなどといった理由から、「事実婚」を選択するカップルも少なくありません。しかし、事実婚には、税金の配偶者控除が受けられない、子どもが「非嫡出子（婚外子）」となるなどのデメリットもあります。

（1）婚姻意思の合致があること

　民法742条では、「次に掲げる場合に限り、無効とする」と規定し、同条1号にて「人違いその他の事由によって当事者間に婚姻をする意思がないとき」をあげています。つま

り、お互いに婚姻の意思がない限り、婚姻は成立しません。

（2）婚姻障害事由が存在しないこと

形式要件として、次の３つを満たしていなければなりません。

①婚姻適齢であること （民法 731 条）	男女とも 18 歳にならなければ婚姻できない
②重婚でないこと （民法 732 条）	配偶者がいる場合には、重ねて婚姻できない
③近親婚でないこと （民法 734 条〜736 条）	以下の近親者との間では婚姻できない ・直系血族：両親、祖父母、子ども、ひ孫 ・3 親等内の傍系血族：血のつながった兄弟、おじ、おば、おい、めい ・直系姻族：自分の配偶者と離婚、あるいは亡くなったとき、その親など（姻族関係終了後も婚姻不可） ・養親子等：「養子若しくは配偶者又は養子の直系卑属若しくはその配偶者」と「養親又はその直系尊属」との間では、離縁によって親族関係が終了した後でも婚姻できない

　そのほか、かつては、女性の再婚禁止期間に関する規定がありました。女性は婚姻の解消（死別、離婚）または取り消し（法的に婚姻できない事由がある場合等）の日から100日を経過した後でなければ再婚できないと規定されていました。しかし、2022年12月10日、民法の嫡出推定制度の見直し等を内容とする民法等の一部を改正する法律が成立、公布されました。そして、この法律は2024年4月1日から施行されました。

＜嫡出推定制度の見直しのポイント＞

・婚姻の解消等の日から300日以内に子が生まれた場合であっても、母が前夫以外の男性と再婚した後に生まれた子は、再婚後の夫の子と推定する。
・女性の再婚禁止期間を廃止した。
・これまでは夫のみに認められていた嫡出否認権を、子及び母にも認めた。
・嫡出否認の訴えの出訴期間を1年から3年に伸長した。

（3）婚姻届を出すこと

　最後は婚姻届の提出です。図表 8-1 は記入見本ですが、2人の氏名、住所、本籍等のほか、どちらの氏を選択するかを決めなければなりません。そのほか、2人以上の成人の証人が必要となります。

　民法 750 条は、「夫婦は、婚姻の際に定めるところに従い、夫又は妻の氏を称する。」と規定しています。つまり、法律上は夫婦同姓をとっているわけです。しかし、日本ではほとんどが男性の姓を選択しているという実態があります。そのため、女性は職場では旧姓を通称として使用したり、あえて婚姻届を出さない夫婦もいます（事実婚）。しかし、給与・税金・社会保障などでは戸籍上の姓の使用を強制されたり、事実婚夫婦での出産では、子どもが婚外子となったりという不利益が生じています。現在、議論も広まり、世論

図表 8-1　婚姻届（記入見本）

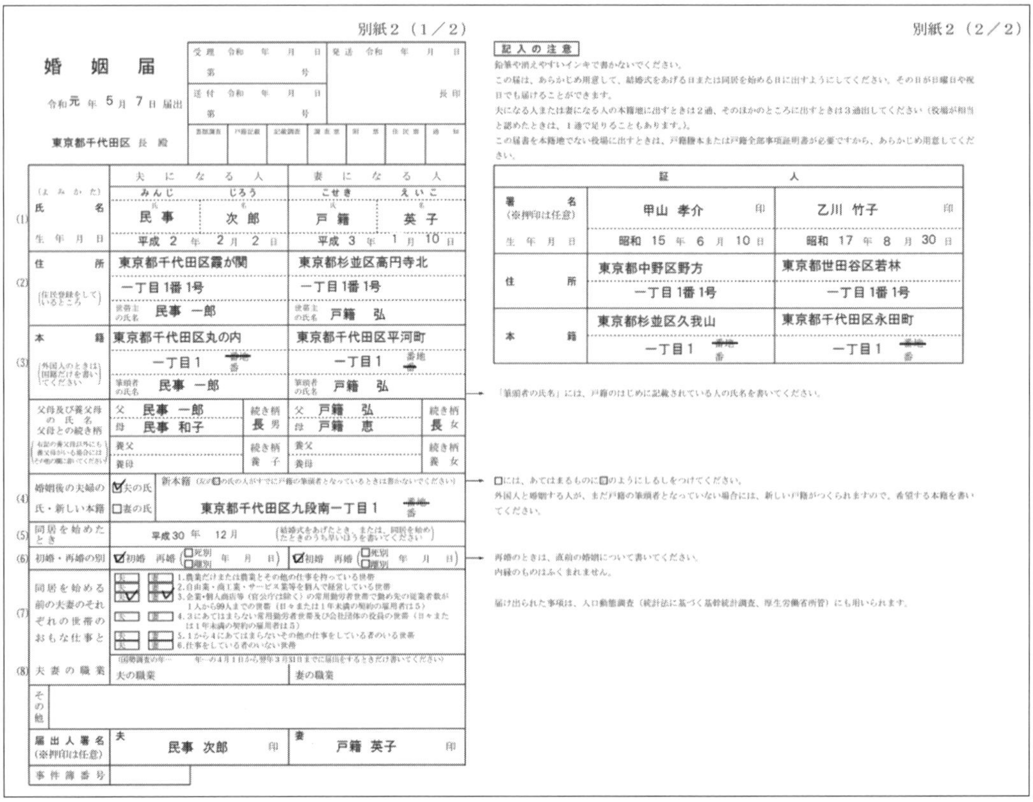
別紙2（1／2）

婚　姻　届

令和元年 5月 7日 届出

東京都千代田区 長 殿

	夫になる人	妻になる人
(1) 氏名（よみかた）	民事 次郎（みんじ じろう）	戸籍 英子（こせき えいこ）
生年月日	平成 2 年 2 月 2 日	平成 3 年 1 月 10 日
(2) 住所（住民登録をしているところ）	東京都千代田区霞が関 一丁目1番1号	東京都杉並区高円寺北 一丁目1番1号
世帯主の氏名	民事 一郎	戸籍 弘
(3) 本籍（外国人のときは国籍だけを書いてください）	東京都千代田区丸の内 一丁目1 番地	東京都千代田区平河町 一丁目1 番地
筆頭者の氏名	民事 一郎	戸籍 弘
父母及び養父母の氏名 父母との続き柄	父 民事 一郎 母 民事 和子 続き柄 長男	父 戸籍 弘 母 戸籍 恵 続き柄 長女
(4) 婚姻後の夫婦の氏・新しい本籍	☑夫の氏 □妻の氏	新本籍 東京都千代田区九段南一丁目1 番地
(5) 同居を始めたとき	平成30 年 12 月	
(6) 初婚・再婚の別	☑初婚 再婚（□死別 □離別）	☑初婚 再婚（□死別 □離別）
(7) 同居を始める前の夫妻のそれぞれの世帯のおもな仕事と	1.農業だけまたは農業とその他の仕事を持っている世帯 2.自由業・商工業・サービス業等を個人で経営している世帯 3.企業・個人商店等（官公庁は除く）の常用勤労者世帯で勤め先の従業者数が1人から99人までの世帯 4.3にあてはまらない常用勤労者世帯及び会社団体の役員の世帯 5.1から4にあてはまらないその他の仕事をしている者のいる世帯 6.仕事をしている者のいない世帯	
(8) 夫妻の職業	夫の職業	妻の職業
その他		
届出人署名（※押印は任意）	夫 民事 次郎 印	妻 戸籍 英子 印
事件簿番号		

別紙2（2／2）

記入の注意

鉛筆や消えやすいインキで書かないでください。

この届は、あらかじめ用意して、結婚式をあげる日または同居を始める日に出すようにしてください。その日が日曜日や祝日でも届けることができます。

夫になる人または妻になる人の本籍地に出すときは2通、そのほかのところに出すときは3通出してください（役場が相当と認めたときは、1通で足りることもあります。）。

この届書を本籍地でない役場に出すときは、戸籍謄本または戸籍全部事項証明書が必要ですから、あらかじめ用意してください。

証人		
署名（※押印は任意）	甲山 孝介 印	乙川 竹子 印
生年月日	昭和 15 年 6 月 10 日	昭和 17 年 8 月 30 日
住所	東京都中野区野方 一丁目1番1号	東京都世田谷区若林 一丁目1番1号
本籍	東京都杉並区久我山 一丁目1 番	東京都千代田区永田町 一丁目1 番

「筆頭者の氏名」には、戸籍のはじめに記載されている人の氏名を書いてください。

□には、あてはまるものに☑のようにしるしをつけてください。

外国人と婚姻する人が、まだ戸籍の筆頭者となっていない場合には、新しい戸籍がつくられますので、希望する本籍を書いてください。

再婚のときは、直前の婚姻について書いてください。

内縁のものはふくまれません。

届け出られた事項は、人口動態調査（統計法に基づく基幹統計調査、厚生労働省所管）にも用いられます。

出所：法務省「婚姻届」(https://www.moj.go.jp/content/001295263.pdf)

の関心も高いテーマとなっており、一般社団法人日本経済団体連合会からも、職場では通称使用が定着していることから、「通称使用による課題を解消し、夫・妻各々が、希望すれば、生まれ持った姓を戸籍上の姓として名乗り続けることができる制度の早期実現を求めたい」との提言を出しています（一般社団法人日本経済団体連合会「選択肢のある社会の実現を目指して～女性活躍に対する制度の壁を乗り越える～」2024 年 6 月 18 日）。

3　夫婦に関する法律

夫婦で共同生活を営むにあたり、民法では次のようなことを定めています。

(1) 同居・協力・扶助

民法 752 条は、「夫婦は同居し、互いに協力し扶助しなければならない。」と定めています。夫婦となった以上、同居して夫婦間で互いに協力しあっていくものであるという趣旨です。

（2）夫婦の財産関係

夫婦の財産関係に関しては、契約財産制と法定財産制があります。契約財産制とは、夫婦間によって法定財産制と異なる取り決めをすることです（民法755条）。しかし、これは、婚姻の前に締結しておかなければなりません。さらに届出前に登記をしておかないと、相続人や第三者に対抗することができません（民法756条）。しかし、こうした煩雑な手続きをとることはあまりなく、現実には法定財産制が適用されることがほとんどです。

そして、民法で規定されている法定財産制は、婚姻費用の分担、日常家事債務の連帯責任、夫婦間の財産の帰属の3つです。

婚姻費用の分担	婚姻費用とは、結婚式の際の費用ではなく、日常の生活費、衣食住の費用、医療費、交際費、子どもの養育費なども含まれる。民法760条は「夫婦は、その資産、収入その他一切の事情を考慮して、婚姻から生ずる費用を分担する。」と規定している。
日常家事債務の連帯責任	民法761条は「夫婦の一方が日常の家事に関して第三者と法律行為をしたときは、他の一方は、これによって生じた債務について、連帯してその責任を負う。ただし、第三者に対し責任を負わない旨を予告した場合は、この限りでない。」と規定している。これは、第三者との日常家事の範囲における法律関係についての夫婦の連帯責任を認めたものである。つまり、夫婦のどちらか一方は単独で契約したものであっても、実質的には夫婦の共同債務となる。なお、日常の家事とは、未成熟子を含む夫婦共同生活に必要とされるいっさいの事務をいう。
夫婦間の財産の帰属	民法762条1項では、「夫婦の一方が婚姻前から有する財産及び婚姻中自己の名で得た財産は、その特有財産（夫婦の一方が単独で有する財産をいう。）とする。」と規定され、2項では「夫婦のいずれに属するか明らかでない財産は、その共有に属するものと推定する。」とされている。夫婦といえども、それぞれが独立した個人であるので、特有財産を認めたうえで、夫婦は共通した生計のもと共同生活を営むため、ある財産がどちらに属するか判明しない場合には夫婦の共有と推定するという考えをとっている。

4 子どもが生まれたら

子どもが生まれたら、生まれた日から14日以内（生まれた日を含む）に、本籍地、出生地または届出人の住所地・所在地の市区役所・町役場の戸籍窓口に提出しなければなりません。但し、出生子の児童手当、医療費の申請を行う必要がありますから、届出は父母の住所地で行うほうが便利です。

なお、法律上、子どもは、婚姻関係の有無により、次のように区分されます。

嫡出子	法律上の婚姻関係にある男女の間に生まれた子ども
非嫡出子	法律上の婚姻関係にない男女の間に生まれた子ども

女性が子どもを出産したとき、結婚中であればその子どもは嫡出子（実子）として父母が戸籍に記載されます。しかし、婚姻関係にない女性が子どもを出産した場合には、母は子どもを産んだという事実がありますから、戸籍に載ることになりますが、父は誰かを推定できないため、空欄になってしまいます。そして、父が認知を行うことで、戸籍に父の

名前が記載されることになります。父に認知してもらうか（任意認知）、子どものほうから認知を求めることにより（強制認知）、法律上はじめて父子関係が発生することになります。任意認知は父親が自発的に認知届を出すことによって行うものです。強制認知は父親が認知を拒否した場合に、子どもの側から行うものです。なお、任意認知は届出で済みますが、強制認知は家庭裁判所に認知調停を申し立てる必要があります。

　なお、相続に関して以前は問題がありました。かつて、非嫡出子は相続の際、相続額は嫡出子の2分の1という民法の規定がありましたが、これは憲法14条の「法の下の平等」に反するとして、民法も改正され、相続に関しては、嫡出子も非嫡出子も同等の法定相続額となりました。

5 ▶ 婚姻の解消

（1）離婚の方法

　婚姻の解消としては、夫婦の一方が死亡した場合（死別）と離婚があります。離婚には、協議離婚、調停離婚、審判離婚、裁判離婚の4つの場合があります。

協議離婚	夫婦双方が納得し合い、離婚すること。全体のおよそ9割が協議離婚。手続は、「離婚届」用紙に必要事項を記入し、本籍地または居住地の役所に提出する。なお、書類には夫婦及び証人2人がそれぞれ署名・押印し、提出されれば受理され、その日が離婚成立日となる。
調停離婚	条件等でもめて協議離婚ができない場合には、家庭裁判所にて調停に持ち込まれて、調停委員を交えて話し合いをもつ。裁判官である家事審判官1人と調停委員2人以上で構成される調停委員会が当事者双方から事情を尋ねたり意見を聞き、双方が納得の上で問題を解決できるよう助言やあっせんを行う。
審判離婚	調停が行われたにもかかわらず離婚が成立しそうもない場合、家庭裁判所は調停員の意見を聞いて職権で離婚を成立させることができる。但し、審判が出された後、2週間以内に当事者から異議が申し立てられると審判の効力は失われる。そのため、審判は、離婚の合意はできているが、財産分与等の離婚条件に僅かな相違があって合意に至らない場合等、異議申し立ての可能性が低い場合に限られ、実務で審判がなされることは稀である。
裁判離婚	協議離婚の話し合いもまとまらず、家庭裁判所の調停・審判でも離婚が成立しない場合には、家庭裁判所に訴えを起こし、離婚を認める旨の判決を得なければならない。但し、裁判に持ち込むには、協議離婚、調停離婚と異なり、法定離婚事由が必要となる（民法770条）。また、離婚請求と合わせて、未成年の子どもがいる場合には、親権者の指定、養育費の請求も同時に行うこととなる。なお、原則として、有責配偶者（不法行為をした側）からの離婚請求は認められない。

（2）法定離婚事由

　裁判離婚をする場合には、民法で定めた以下の理由のいずれかが必要です（民法770条第1〜第5号）。

不貞行為	法律では配偶者以外の異性と性交渉を行うことを「不貞行為」といい、不貞行為をされた場合には離婚、及び慰謝料の請求ができる。
悪意の遺棄	夫婦にはお互いに同居義務・協力義務・扶助義務がある。これに正当な理由なく違反することを「悪意の遺棄」といい、離婚原因となります。「理由なく同居を拒む」「収入があるのに生活費を渡さない」などが該当する。

3年以上の生死不明	配偶者の生死が3年以上わからない場合も離婚理由となる。これは単なる行方不明とは異なる。生死不明が認められるためには、警察への捜査願など、手を尽くしたという証拠が必要となる。
回復の見込みがない重度の精神病	配偶者が重度の精神病を患い、回復の見込みがない場合も離婚が認められる。しかし、通常は配偶者が病気になった場合、夫婦の協力が求められる。そのため、これまでに献身的な看護をしてきたうえで、配偶者から夫婦生活への協力義務が果たせないほどの回復が見込めない場合のみに認められる。
婚姻を継続しがたい重大な事由	上記4項目以外にも、婚姻関係を継続させ共同生活の回復の見込みがないと認められる場合がある。これは個々のケースにより、裁判所が判断することとなる。

（3）離婚の効果

　離婚により、身分上の効果、及び財産上の効果が発生します。

①離婚による身分上の効果

　離婚の身分上の効果として、姻族関係の終了、氏（名字）の変動、子の親権者・監護者の指定、祭祀財産の継承者の指定があります。

姻族関係の終了	夫婦の一方と他方の血族との姻族関係は、離婚により終了する。
氏の変動	婚姻によって氏を改めた夫または妻は離婚によって離婚前の氏に復することができる。婚氏を続称することもできる。
子の親権者・監護権者の指定	未成年の子がある場合、離婚にあたりどちらか一方に親権者を定めなければならない。
祭祀財産の継承者の指定	墓地や仏具など祖先を供養するのに必要なものを祭祀財産といい、婚姻によって氏を改めた夫又は妻が、祭祀財産の承継者となった後で、離婚した場合は、その継承者を決めなければならない。

②離婚による財産上の効果

　離婚による財産上の効果として、「離婚した者の一方は、相手方に対して財産の分与を請求することができる」（民法768条1項）として、財産分与権を規定しています。この財産分与請求権は、清算的財産分与、扶養財産分与、慰謝料的財産分与の3つの性質の請求権があるとされています。

清算的財産分与	夫婦の協力により築いた財産を離婚時に清算することを目的とした財産分与。夫婦の協力により得たといえる財産であればどちらの名義であっても分与の対象となる。清算の基準は財産形成に対する寄与の割合によるが、通常の夫婦であれば、平等であるのが一般的である。
扶養財産分与	離婚後の生活に困窮する配偶者に対する扶養として認められる財産分与。これが認められるためには請求者に扶養の必要性が認められることが必要である。
慰謝料的財産分与	慰謝料として認められる財産分与。

6 同性婚

　パートナーが同性である場合、日常生活のあらゆる場面で、暮らしにくいことがあったり、差別を受けることもあり得ます。現在の我が国の法律では、同性同士での婚姻は認められていません。そのため、公営住宅への入居申し込みが認められなかったり、どちらか

一方が死亡したとき2人で築いた財産を相続する権利が認められないなどの不利益が生じています。欧米ではこのような同性カップルにも、婚姻と同等、もしくはそれに近いかたちでの権利を認めようとしています。しかし、我が国では、「伝統的な家族の枠組みが崩壊する」といった意見も根強く残っており、従来のままとなっています。

しかし、こうした動きに対して、自治体単位で同性カップルを擁護する動きがでています。たとえば、東京都渋谷区では、2015年、「渋谷区男女平等及び多様性を尊重する社会を推進する条例」を施行し、パートナーシップ証明の発行を始めました（同17条）。この証明書自体に法的な効果、拘束力はありませんが、男女の婚姻関係と異ならない程度の実質を備えた、戸籍上の性別が同じ2者間の社会生活における関係をパートナーシップと定義し、一定の条件を満たした場合に、パートナーの関係であることを証明するものです。

7 配偶者・恋人からの DV

内閣府男女共同参画局が2024（令和6）年3月に公表した「男女間における暴力に関する調査（令和5年度調査）」によると、これまで結婚したことのある人のうち、配偶者などから、「身体的暴行」、「心理的攻撃」、「経済的圧迫」、「性的強要」といった暴力を繰り返し受けた経験があった人は、女性で13.2%、男性で7.2%という結果があります。つまり、およそ女性の10人に1人が何らかの暴力を受けた経験があるわけです。

配偶者や恋人からの暴力は決して許されるものではありません。暴力とは、殴る、蹴るなどの身体的暴力だけを指すのではありません。身体を傷つけなくても、怒鳴る、無視するなどして心理的に攻撃することや、生活費を渡さない又は外で働くことを制限して経済的に圧迫することも暴力です。また、嫌がっているのに性的な行為を強要するなど、性的な暴力もあります。物理的な暴力以外のDV行為の例としては、左記のようなものがあります。

区分	具体的な例
心理的攻撃	・大声でどなる、ののしる、物を壊す ・何を言っても長時間無視し続ける ・ドアを蹴ったり、壁に物を投げつけたりして脅す ・人格を否定するような暴言を吐く ・子どもに危害を加えるといって脅す ・SNSなどで誹謗中傷する ・交友関係や電話・メールを監視する、制限する ・行動や服装などを細かくチェックしたり、指示したりする ・他の異性との会話を許さない
経済的圧迫	・生活費を渡さない ・デート費用など、いつもパートナーにお金を払わせる ・お金を借りたまま返さない ・パートナーに無理やり物を買わせる
性的強要	・無理やり性的な行為を強要する ・見たくないのに、ポルノビデオやポルノ雑誌を見せる ・避妊に協力しない ・中絶を強要する

第2部　就職活動から卒業までに遭遇しそうな危険・トラブル　125

　男女間における暴力は夫婦・パートナー間だけで起こっている問題ではありません。恋人同士の間でも交際相手に対する暴力が起こっています。先の内閣府調査によると、交際相手がいた女性の22.7%、男性の12.0%が、交際相手からの暴力、いわゆる「デートDV」を受けています。デートDVは、性別にかかわらず、誰にとっても身近な問題といえます。

〈デートDVの例〉

- ・携帯電話の着信履歴やメールをチェックする
- ・「ばか」などと、傷つく呼び方をする
- ・自分の予定を優先させないと無視したり、不機嫌になったりする
- ・無理やり性的な行為をする
- ・いつもおごらせる
- ・思いどおりにならないと、怒鳴ったり責めたり脅したりする

　デートDVを受けたときは、自分を責めたり、一人で悩んだりせずに、**配偶者暴力相談支援センター**など、近くの相談窓口に早めに相談しましょう。各機関では、さまざまな暴力に関する相談を受け付けています。

8　ストーカー行為

　桶川ストーカー殺人事件（1999年）、三鷹ストーカー殺人事件（2013年）、小金井ストーカー殺人未遂事件（2016年）など、ストーカーによる凶悪な犯罪がたびたび起きています。殺人事件に至らなくても、交際していた相手から、自宅近くで待ち伏せされたり、拒否したにもかかわらずしつこく電話やメールがくるなど、交際を終了するにあたって不安な経験をしたことがあるという人も少なくないと思います。ストーカー被害の相談件数も増加傾向にあります。警視庁への相談件数を見ると、いったん減少に転じたものの、増加傾向にあり、令和5年の相談件数は1,444件（前年比19.6%増）となっています（図表8-2参照）。男女別に見ると、7割以上が女性からの相談となっています。また、相談者の年齢は、20歳、30歳代が全体のおよそ60%を占めています。

　ストーカー規制法における規制の対象となる行為とは、「つきまとい等又は位置情報無承諾取得等」と「ストーカー行為」です。

(1)「つきまとい等又は位置情報無承諾取得等」

　この法律では、特定の者に対する恋愛感情その他の好意の感情又はそれが満たされなかったことに対する怨恨の感情を充足する目的で、その特定の者又はその家族等に対して行う以下の①から⑩を「つきまとい等又は位置情報無承諾取得等」と規定し、規制しています。

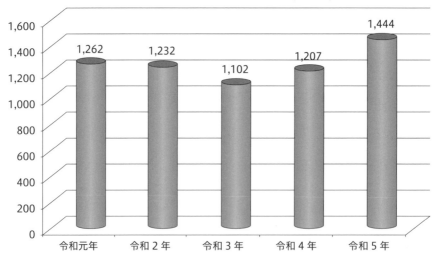

図表 8-2　ストーカー被害の相談件数（警視庁）

出所：警視庁（2024年4月1日）「ストーカー事案の概況」（https://www.keishicho.metro.tokyo.lg.jp/about_mpd/jokyo_tokei/kakushu/stalker.html#cms1juri）

①つきまとい・待ち伏せ・押し掛け・うろつき等（ストーカー規制法2条1項1号）

具体例としては、次のような行為です。
- 尾行し、つきまとう
- 行動先（通勤途中、外出先等）で待ち伏せする
- 進路に立ちふさがる
- 自宅や職場、学校等や実際にいる場所の付近で見張りをする
- 自宅や職場、学校等や実際にいる場所に押し掛ける
- 自宅や職場、学校等や実際にいる場所の付近をみだりにうろつく

＜防犯の心構え＞

- 一人で悩まず、警察や信頼できる人に相談する
- 携帯電話は、いつでも110番できるようにしておく
- 外出時は、防犯ブザーを携帯する
- 万一の場合は、警察や近隣の人、コンビニエンスストア等へ助けを求める
- 夜間の一人歩きはできるだけ避け、明るく人通りの多い道を歩く
- 帰宅時など不安なときは、家族に迎えに来てもらうか、タクシー等を利用する
- ドアや窓には二重鍵とドアスコープを付け、ドアを開けるときは周囲に注意をする

②監視していると告げる行為（ストーカー規制法2条1項2号）

具体例としては、次のような行為です。
- あなたの行動や服装等を電子メールや電話で告げる

・「お前をいつも監視しているぞ」等と監視していることを告げる

・あなたが帰宅した直後に「お帰りなさい」等と電話する

・あなたがよくアクセスするインターネット上の掲示板に、上記の内容等の書き込みを行う

＜防犯の心構え＞

> ・ドアや窓の鍵は頑丈なものを設置し、二重ロックにする
> ・自宅に、防犯カメラ、非常ベル、防犯センサー、テレビ付インターホン等を取り付ける
> ・出入りの時に周囲を確認する
> ・家にいるときでもきちんと戸締まりをする
> ・厚手のカーテン等により、部屋の内部が見えないようにする
> ・ゴミを捨てる場合は、個人情報が記載されているものは除くか、裁断する

③面会や交際の要求（ストーカー規制法2条1項3号）

具体例としては、次のような行為です。

・面会や交際、復縁等義務のないことをあなたに求める

・贈り物を受け取るように要求する

＜防犯の心構え＞

> ・はっきりと拒否の姿勢を示す
> ・警察や信頼できる人に相談する

④乱暴な言動（ストーカー規制法2条1項4号）

具体例としては、次のような行為です。

・大声で「バカヤロー」等と怒鳴る

・「コノヤロー」等の粗暴な内容のメールを送信する

・あなたの家の前で、車のクラクションを鳴らしたりする

＜防犯の心構え＞

> ・危険を感じたときは、防犯ブザーや携帯電話で助けを求める
> ・速やかに警察に相談する

⑤無言電話、拒否後の連続した電話・ファクシミリ・電子メール・SNSメッセージ・文書等（ストーカー規制法2条1項5号）

具体例としては、次のような行為です。

・電話をかけてくるが、何も告げない（無言電話）

・拒否しているにもかかわらず、携帯電話や会社、自宅に何度も電話をかけてくる

・あなたが拒否しているにもかかわらず、何度もファクシミリや電子メール・SNS メッセージ・文書等を送信してくる

<防犯の心構え>

・余分な会話はせず、相手に「電話をかけてこないで下さい」「警察に訴えます」など、毅然とした態度で拒絶の意思を伝える
・相手の電話番号や非通知での電話は、着信拒否設定にする
・日時・内容等を記録・保存をしておく（着信記録の保存、着信画面の写真撮影等）
・電話会社に相談をする（さまざまな対応策を教えてくれます）
・ナンバー・ディスプレイ機能付き電話を設置する
・電話番号・メールアドレスを変更する
・SNS 等を利用する際は、個人情報の取扱い等に十分注意する

⑥汚物等の送付（ストーカー規制法 2 条 1 項 6 号）

具体例としては、次のような行為です。

・汚物や動物の死体等、不快感や嫌悪感を与えるものを自宅や職場等に送りつける

<防犯の心構え>

・すぐに警察に届け出る
・届いた時間と内容をメモする
・送り主の不明な届け物などは受け取りを拒否する。万一、受け取ってしまった場合でも開封せずに現物の写真を撮って警察に提出する

⑦名誉を傷つける（ストーカー規制法 2 条 1 項 7 号）

具体例としては、次のような行為です。

・あなたを中傷したり名誉を傷つけるような内容を告げたりメールを送るなどする

<防犯の心構え>

・メール送信された内容をプリントして警察へ届け出る

⑧性的しゅう恥心の侵害（ストーカー規制法 2 条 1 項 8 号）

具体例としては、次のような行為です。

・わいせつな写真を自宅等に送り付ける
・電話や手紙で、卑わいな言葉を告げ恥かしめようとする

<防犯の心構え>

・住所、電話番号、メールアドレス等の個人情報の管理に注意する
・送りつけられた物（内容）を持って警察へ相談する

第2部　就職活動から卒業までに遭遇しそうな危険・トラブル　129

⑨ GPS 機器等を用いて位置情報を取得する行為（ストーカー規制法 2 条 3 項 1 号）

具体例としては、次のような行為です。

・あなたのスマートフォン等を勝手に操作し、記録されている位置情報を画面上に表示させて盗み見る

・あなたの車両や所持している物に GPS 機器等を取り付け、あなたの位置情報をスマートフォン等で受信する

＜防犯の心構え＞

・あなたのスマートフォン等を、他人に操作されるようなところに放置しない

・あなたのスマートフォン等に身に覚えのない位置情報共有アプリが入っていないか確認する

・アプリ等から求められる位置情報の許可申請について安易に承諾しない

⑩ GPS 機器等を取り付ける行為等（ストーカー規制法 2 条 3 項 2 号）

具体例としては、次のような行為です。

・あなたの使用・乗車する自動車等に GPS 機器等を取り付けたり、あなたの所持するカバン等に GPS 機器等を差し入れたりする

＜防犯の心構え＞

・普段使用している自動車やカバン等をこまめに点検する

・身に覚えのない機器が見つかった場合は、すぐに警察に相談する

(2)「ストーカー行為」

ストーカー行為とは、同一の者に対し「つきまとい等又は位置情報無承諾取得等」を繰り返して行うことを「ストーカー行為」と規定して、罰則を設けています。ただし「つきまとい等又は位置情報無承諾取得等」の①から④及び⑤（電子メールの送受信に係る部分に限る。）までの行為については、身体の安全、住居等の平穏若しくは名誉が害され、又は行動の自由が著しく害される不安を覚えさせるような方法により行われた場合に限ります。

警察署では、被害者を守ることを最優先に考えて相談体制を整えています。つきまとい等又は位置情報無承諾取得等を受けたら、すぐに最寄りの警察署に相談してください。あなたの申出に応じて、相手方に警察署長等から「ストーカー行為をやめなさい」と警告することができます。また、「その行為はやめなさい」と禁止命令を行うこともできます。あなたが「ストーカー行為」の被害にあっている場合は、警告や禁止命令以外に、処罰を求めることもできます。これらの他にも警察は、あなたからの申出により、ストーカー被害を防止するための教示等も行っております。

ストーカー行為の被害に不安を覚えたら迷わず警察に相談してください。あなたにとっ

て最善の解決方法をみつけてくれます。被害がより深刻になる前に最寄りの警察署に相談してください。

　ところで、警視庁の防犯アプリ（デジポリス）をご存じでしょうか。これは東京都内の犯罪発生情報や防犯情報をお届けする防犯アプリです。情報配信だけでなく、「痴漢撃退機能」や「防犯ブザー」などの便利な機能もあります。子どもへの声掛け事案や侵入窃盗、痴漢などが多発しているエリアを通るとお知らせを受信します。こうしたアプリも活用し、自分の身は自分で守るということを心がけてください。

　また、ストーカー行為に発展しないよう、留意することも大切です。交際中の相手から別れ話があって、相手が応じない場合などは、ストーカー行為に発展する危険性があります。最初はお互いに好意をもってお付き合いしていたのに、「ほかに好きな人ができた」「打ち込むものが見つかり、それに集中したい」「なんとなくさめてしまった」など、理由はさまざまでしょう。しかし、どのような理由にせよ、一定期間お互いにたのしく過ごせたり、成長できたことに対する感謝を忘れてはいけません。

　さて、一方的に別れ話が切り出されたら、相手は相当に動揺することでしょう。傷つくこともあります。こうした気持ちを最小限に抑え、相手に理解してもらうには、どのような対応が求められるでしょうか。

演習2 **交際を終了するときの円満な応対法**

交際を終了するときの円満な応対法

　徐々に会う頻度を減らしていく、こまめにLINEなどを送らないといった対応も大切です。突然の別れ話には、どうしても相手も納得できず、攻撃的になりやすくなります。しかし、徐々に距離をおくようにすれば、相手も悟ってくれます。つまり、別れ話を聞く心構えができてきます。面倒でもこうして手順を踏んでいくことが重要です。また、相手が激情型タイプであれば、友だちにも同席してもらって話すなどの準備も必要です。そして、これまでの関係性、相手への敬意を忘れないようにしてください。

リスク回避、トラブル解決のためのノウハウ💡

・同性同士の婚姻は法律上は認められていない。しかし、自治体単位にて少しでも快適に暮らせるための条例制定の動きがある。こうした情報を取得して少しでも快適に暮らせる場所を探すことも重要である。

・DV、ストーカー行為は、取り返しのつかない問題に発展する前に、配偶者暴力相

談支援センター、最寄りの警察署に相談する。

▶ **参考文献**

警視庁「ストーカー規制法」（https://www.keishicho.metro.tokyo.lg.jp/kurashi/higai/dv/kiseho.html）。

Column 8

恋愛、お見合い、それとも……？

　晩婚、非婚など、あまり結婚に前向きではない傾向が続いています。結婚しても子どもの教育費が大変、一人のほうが気楽など、さまざまな事情があるようです。

　図表8-3は、お見合い結婚、恋愛結婚の推移を表したものです。1970年前後を境に、お見合い結婚と恋愛結婚の比率は逆転し、2020年には7割強が恋愛結婚です。そのなかで注目したいのが、インターネットによる結婚です。こちらが急速な伸びを示し、2020年には15.2%に達しています。

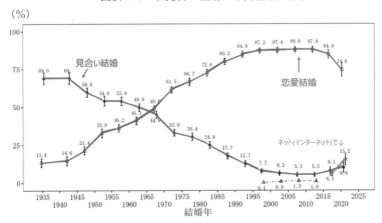

図表8-3　お見合い結婚、恋愛結婚の推移

注1：国立社会保障・人口問題研究所「第16回出生動向基本調査　結果の概要」（2022年）
注2：「ネットで」は第16回における新規の選択肢（「（上記以外で）ネット（インターネット）で」）。回答欄の注に「SNS、ウェブサイト、アプリ等によるやりとりがきっかけで知り合った場合をさします。」と記載。

出所：子ども家庭庁「結婚に関する現状と課題」P.7（https://www.cfa.go.jp/assets/contents/node/basic_page/field_ref_resources/f27802a2-0546-424d-ac61-ac0641d67d38/cf9b37be/20240719_councils_lifedesign-wg_f27802a2_02.pdf）

　しかし、その一方で、国民生活センターには、マッチングアプリで知り合った女性と連絡先を交換するために、ポイント代金をクレジットカードで次々に支払ったが、結局連絡先は交換できなかった。SNSで友だち申請された相手から誘導されて出会い系サイトに登録し、実際に会うために何度もお金を振り込んだが、会うことができなかったなどの相談が寄せられています。何かおかしいという感度がはたらいたら、お金を振り込んだりする前に国民生活センターなどに相談しましょう。

Chapter 9

海外渡航におけるトラブル対策

「日本とは違う」ということを理解する

　多くの大学生が春休み、夏休みなどの長期休暇を利用して海外へ渡航しています。海外旅行や留学は学生時代のかけがえのない経験となります。しかし、安全な国ばかりではなく、事前に正確な情報を入手しておかないと、トラブルに巻き込まれることもあります。

　詐欺・盗難などの被害から交通事故、自然災害などのほか、テロなどに巻き込まれることもあります。また、偶然知り合った人から頼まれて荷物を運んだら、その中身が麻薬で逮捕されてしまうなんてこともあり得ます。日本では想定外のことが海外では起きるわけです。こうしたことを回避するためにも、旅行の準備、渡航先の情報収集などを確実に実施したうえで、出発することが大切です。

　海外渡航を実りあるものとするためにも、事前の準備、情報収集などをしっかり行ったうえで出発しましょう。

この章の到達目標

□「自分の身は自分で守る」という意識をしっかりと定着させる。
□渡航前の準備、情報収集の重要性を理解する。

知っておきたい関連法規

・憲法 22 条 2 項（外国移住及び国籍離脱の自由）
・入管法 61 条（日本人の帰国）、71 条（出国に関する罰則規定）

1　学びのためのウォーミングアップ

　日本は世界の中でも比較的治安のよい国のひとつです。そのため、海外での危険性を認識せずに、楽しいことばかりを想像しがちですが、予想もしない事件・事故に巻き込まれる日本人もいます。まず、大切なことは、**渡航先の情報収集**と**自分の身は自分で守る**という意識です。

　さて、海外へ渡航するとき、どのような心配事がありますか。安全な国で過ごしていますから、気づかない部分もあると思います。想像し得る限りのことをあげてみましょう。

| 演習1 | 海外での心配事 |

海外での心配事

どのような心配事があげられましたか。盗難などのほか、感染症、医療機関とその体制、テロなど、渡航先によってさまざまな危険があります。また、文化・習慣の違いから、自分のとった行動が不適切、不相応なものであったなどということもあります。こうしたことを踏まえ、渡航前の情報収集を徹底しましょう。

また、ビザ（査証）の取得が求められる場合がありますが、ビザ（査証）とは、なんでしょうか。

| 演習2 | ビザ（査証）とは |

ビザ（査証）とは

ビザ（査証）とは、在外公館で発行されるもので、その外国人が持っている旅券（パスポート）が有効であるという「確認」と、ビザに記載された条件により入国することに支障がないという「推薦」の意味を持っています。出国にあたっては、パスポートとともに、ビザ（査証）を求められることもありますが、相手国を訪問するにあたっての推薦書の役割を果たしています。なお、イギリスのコンサルティング会社、ヘンリー＆パートナーズが発表しているパスポート・インデックス（2025年版）によると、日本のパスポートを持っての観光であれば、193の国や地域にビザなしで入国できます。

2 出入国に関する法律

日本人が我が国以外の地域に向けて出国することは、国民が当然に有する権利として保障されています（憲法22条2項）。このような権利を有する日本人の出国手続については、外国人の出国手続とは別の方法を規定しています。出国しようとする日本人は、有効な旅券を所持し、入国審査官から出国の確認を受けなければ出国してはならず、これを受けないで出国し、又は出国することを企てた者は、刑事罰の対象となります（入管法71条）。

なお、「出国」とは我が国の領域（領海・領空）から外に出ることをいいますが、単に

我が国の領域を出ることを出国とするのではなく、「本邦外の地域に赴く意図」を持って領域外に出るものでなければなりません。

日本人の出国の確認は、原則として、入国審査官が出国しようとする日本人の所持する旅券（パスポート）に出国の証印をすることによって行います。

また、日本人が帰国することは、国民が当然に有する権利として解されています。このような権利を有する日本人の帰国を外国人の入国と同様の手続とすることは適当でないので、入管法は日本人の帰国手続について外国人の入国手続とは別な方法を規定しています（入管法61条）。日本人の帰国手続は、入国審査官が帰国を確認し、原則として旅券（パスポート）に帰国の証印をすることになっていますが、やむを得ない事情により旅券を所持していない場合には、帰国証明書を交付することによって行うと規定されています。これは、たとえ旅券（パスポート）を所持することがなくても日本の国籍を有することを証する文書を所持するなどして、日本人であることが確認されれば、帰国することに支障がないことを明らかにしたものです。旅券（パスポート）は、世界で通用する身分証明書です。海外において、自分が何者であるか（国籍、氏名、年齢など）を具体的に証明できるほぼ唯一の手段です。渡航先でも慎重に管理してください。

3 安全のための基礎知識

旅行先では、その国の法律に従って行動しなければなりません。各国の法律は、その国にある宗教や文化等とも密接に関わっていることが多く、日本では比較的軽い犯罪と見なされる行為であっても、国によっては信じ難いほど重い犯罪となることもあります。旅行中は常に滞在国の法律を守り、文化や習慣に配慮した行動をとるよう心がけましょう。特に薬物犯罪については、近年、多くの国が取締りを強化しています。死刑を含めた厳罰で臨む国も珍しくありません。実際、日本人が旅行中に軽い気持ちで薬物に手を出し、または、知人からの依頼を断りきれず「運び屋」となったことでその後の人生を台無しにするほどの重い刑罰を科せられた例もあります。

そして、大切なことは、「**自分の身は自分で守る**」という心構えです。渡航先の国にも警察などはあります。しかし、盗難にあえば、困るのは自分です。そのあとの渡航スケジュールも変更しなければならないでしょう。そうならないためにも、まずこの心構えを持ちましょう。

（1）安全のためのポイント

渡航先での大切なポイントは次のとおりです（**図表9-1**参照）。

いずれも日本にいると、あまり意識しないことばかりです。特にホテル内で従業員を装って近づいてくるなどは普段はあまり想像もしません。これだけ違うということを認識しておきましょう。

図表 9-1　渡航先での安全のためのポイント

ポイント	内容
危険な場所には近づかない	内乱、クーデター、テロなど、政情が不安定で渡航を控えるなど、特別な注意が必要となる国や地域がある。また凶悪犯罪の多いエリア、夜間の外出などは避ける。
多額の現金・貴重品は持ち歩かない	外出する際には、貴重品はホテルのセーフティボックスに預けて持ち歩かない、買い物はスマホ決済やクレジットカード等を使い、現金は最小限にとどめる。また、分散して持つなどの工夫も必要。パスポートの携行が要求される国・地域であっても、コピーの携行が認められている場合は、パスポート自体はホテルのセーフティボックスに預ける。
犯罪にあったら抵抗しない	海外で日本人が遭遇する犯罪の多くは金品を狙ったもの。そして犯罪者の多くが凶器を所持しているうえ、グループで犯行に及ぶことが多い。一見、単独犯に見えても近くに仲間がいることがある。したがって、強盗にあった際、犯人の要求に応じないと、犯人を刺激し、凶器による暴行等につながる可能性が高くなり、怪我を負わされたり命を奪われた例も多い。まずは、生命の安全を第一に考え、犯人に抵抗しない態度を示すことが大切。
見知らぬ人を安易に信用しない	睡眠薬強盗、いかさま賭博、偽ガイドなど、海外での犯罪手口は多様で巧妙。旅先で知り合った人の表向きの優しさに油断して被害に遭った旅行者がたくさんいる。旅先で現地の人と知り合うことは旅の醍醐味の一つだが、それにつけ込んだ犯罪は後を絶たない。少しでもあやしいと感じたら、ためらわず「ノー」と断り、その場を立ち去ること。特に、その人の家に行ったり、すすめられた食べ物・飲み物を口に入れることは控える。
買い物は信用のおける店を選ぶ	海外の多くの国では、購入した品物が粗悪だったり注文したものと違っていたりしても、後から返品や補償を求めることは非常に困難。このような事情を利用して、外国人旅行者に粗悪なものを高く売りつける悪質な店がある。まず、信用のおける店を選ぶこと、そして品物を良く確認することが大切。また、クレジットカードを使う際、暗証番号を盗み見られたり、スキミング等でカード情報が流出しないよう注意し、サインをしたり、暗証番号を入力する際は金額が間違っていないか、通貨の単位が記入されているか、しっかりと確認すること。なお、国民生活センター越境消費者センター（CCJ）では、海外ショッピング（店頭・インター ネット取引を含む）に関するトラブル相談を受け付けている。
ホテルの中でも安心しない	ホテルもまた、安全な場所とはいえず、注意が必要。ロビーでは置き引き、エレベーターや部屋の中では強盗の被害にあうこともある。特に格安のホテルは、セキュリティが不十分なため、同宿者による窃盗が多く発生している。また、高級とされるホテルでも、犯人が従業員を装って犯行に及ぶ場合もある。部屋にいるときは、必ず防犯チェーンを掛け、ノックされても不用意にドアを開けず、まず相手を確認し、従業員のように見えてもあやしい点がないか注意するなどの防犯対策を心がけること。

　上記のようなケースを見ると、我が国はほんとうに安全な国であると再認識させられることでしょう。また、友だち同士で海外に渡航するとったケースでは、緊張感も和らぎ油断することもあり得ます。友だち同士であれば、何かあったときにも心強いですが、油断してトラブルに巻き込まれる可能性も高まるということを忘れないでください。

（2）テロに対する心構え

　近年、世界各地でテロ事件が発生しています。アルジェリア、シリア、チュニジア、ベルギー、バングラデシュ、スリランカ、アフガニスタン等では日本人が被害に遭いました。国籍・性別・年齢を問わず、誰もがテロに巻き込まれる危険性が増えています。日本企業が多く進出する欧州において、排外主義的な過激主義勢力や、無政府主義を掲げる極左過激主義勢力による暴力事案も発生しています。また、米国では人種差別的な思想に基づくいわゆる「ヘイトクライム」と見られる襲撃事件も頻発しています。テロの標的は、

第2部　就職活動から卒業までに遭遇しそうな危険・トラブル　137

治安当局等の「ハードターゲット」（警備や監視が厳重で攻撃が困難な標的）のほか、レストラン、ショッピングモール、公共交通 機関、イベント会場など警備や監視が手薄で多くの人が集まる生活の場、いわゆる「ソフトターゲット」（警備や監視が手薄で攻撃されやすい標的）がテロの標的となるケースも多く留意する必要があります。

テロ被害に遭わないための事前対策としては、次のようなことが考えれます。

- テロの標的となりやすい時期や場所を避ける、あるいは極力近づかない（軍・警察施設、政府関連施設等）
- 大規模行事があるときや特定の時期は、人の集まりや移動が増えるため、テロの標的となりやすいことに留意し、警戒を強める（イスラム教のラマダン月（断食月）や犠牲祭、クリスマス、年末年始等）
- 十分な安全対策がとられている滞在先（施設・ホテル）を選ぶ
- 移動の際は人混みを避ける。防護壁になるものを見つける習慣をつける
- 目立つ服装や行動は避ける
- 同じ時間に同じ経路を使うといった、予測されやすいパターン化された行動を避ける

テロに遭ったとき、被害を最小限に止めるための対策としては、次のようなことが考えられます。

- 宿泊先、レストラン等では、非常口や退避ルートを事前に確認する
- 決してパニックに陥らない
- 爆発音、銃撃音を聞いたら直ちに伏せる。頭部を保護する。確認しに行かない
- 頑丈な物の陰に隠れる
- できるだけ速やかに、低い姿勢で現場を離れ、現場には決して戻らない、近づかない
- 避難が困難であれば部屋等に隠れ、出入り口 にカギをかけ、バリケードを作る、電気を消す、物音を立てない、携帯電話の音が鳴らないようにするなど犯人に気づかれないようにする
- 可能であれば、携帯電話でメッセージを送るなどして、外部の救助を要請する

安全な場所に避難した後は、できるだけ早く、現地の日本国大使館や総領事館へ連絡してください。

4　渡航前、及び出入国の留意点

何を見に行こうか、どこでお土産を買おうかなど、渡航前の緊張感とわくわくする気持

ちははかり知れません。しかし、並行して、渡航先の情報収集が必要です。どのような情報が必要なのか、見ていきましょう。

（1）渡航先の治安

　海外には、治安情勢が極度に悪いために、渡航には適さない国や地域がたくさんあります。これらの国や地域への渡航の是非については特に慎重な検討が必要です。外務省では、特定の国・地域の治安が悪化した、災害、騒乱、その他の緊急事態が発生した、又は、その危険性が高まっていると判断される場合には、その国や地域に対して、「危険情報」や「スポット情報」等の海外安全情報を発出しています。これらの情報を参考に、「危険な場所には近づかない」という心構えで、安全な渡航計画を立てることが重要です。また、現地滞在中にこれらの最新情報を受け取れるよう、**「たびレジ」**にも登録しておきましょう。たびレジとは、外務省からの最新の安全情報を日本語で受信できる海外安全情報の無料配信サービスです。さらに、公安調査庁（PSIA）ホームページにおいても世界のテロ等発生状況を掲載しています。こちらも参照してください。

　外務省は、安全に海外渡航・滞在するために必要な情報を**「海外安全ホームページ」**や**「たびレジ」**などを通じて提供しています。また、スマートフォン用**「海外安全アプリ」**では、スマートフォンのGPS機能を利用して現在地及び周辺国・地域の安全情報が入手できます。さらに、「ゴルゴ13」とコラボした**「海外安全対策マニュアル」**などの各種マニュアルを読んだり、「海外安全クイズ」に挑戦したりすることを通じて、安全対策の基本を押さえることができます。いずれも外務省海外安全ホームページから無料で利用可能です。

　なお、世界各国・地域に所在する日本国大使館・総領事館も、それぞれのホームページ上で安全情報を発信しているほか、世界各国の政府やメディアからインターネットを通じて発信している情報の中には、その国の安全に関する有益な情報がたくさん含まれています。これらの情報を上手に活用し、安全対策に役立ててください。また、万一に備え、日本大使館・総領事館、旅行代理店、航空会社、クレジットカード会社、保険会社などの連絡先リストを作っておきましょう。

　それでは旅行などを検討している国や地域における治安を調べてみましょう。

演習3　旅行を検討している国や地域の治安を調べる

治安情報と入手先を記入

第2部　就職活動から卒業までに遭遇しそうな危険・トラブル　139

（2）渡航先の感染症、医療・健康情報

　海外旅行中又は帰国後に発熱や下痢などを発症する場合がありますが、その多くは、現地で口にした飲食物による感染症が原因です。発展途上国など、衛生環境の悪い場所に渡航する際は、生の食べ物は避ける、水道水は飲まないなど、基本的な予防対策を心がけてください。「現地の人が大丈夫だから、自分も大丈夫」という考えは誤りです。また、ジカウイルス感染症やポリオ、中東呼吸器症候群（MERS）・サル痘などの日本ではなじみのない感染症の発生、エボラ出血熱やクリミア・コンゴ出血熱など致死率の高い感染症が流行する地域もあり、注意が必要です。外務省海外安全ホームページでは、感染症に関する情報や入国時に必要な書類、各国・地域の医療・健康に関する情報も提供しています。これらの情報や、渡航先の在外公館、在京大使館、各国政府観光局のホームページなどから事前に情報を入手し、予防接種はもちろん、感染症にかからないための対策など、早めに準備を行うことが大切です。万一、現地の病院で受診する場合に備え、渡航前に緊急移送サービスなどを含む十分な補償内容の海外旅行保険に加入しておきましょう。

　アフリカや南米の一部など、黄熱が流行している国や黄熱に感染する危険のある国に渡航したり、黄熱感染国を経由して第三国に渡航したりする場合は、黄熱ワクチンの接種が推奨されます。またこれらの国では、入国時に黄熱予防接種証明書（イエローカード）の提示を求められる場合が多いので、渡航時には忘れずに携行してください。

（3）出国時の留意事項

　さて、ようやく航空機、ホテルなども予約が完了したら出発です。もっとも興奮する瞬間だと思います。そのときの留意点を整理しておきます（図表 9-2 参照）。

図表 9-2　出入国時の留意点

注意点	内容
査証（ビザ）パスポート	海外渡航の際は、渡航目的・滞在期間に見合った査証（ビザ）を取得する必要がある。ただし、観光目的の短期滞在など一定の条件下で査証の取得を免除している国もある。たとえば、欧州の多くの国が加盟するシェンゲン協定の領域においては、2013 年 10 月 18 日より、「任意の 180 日の期間内で最大 90 日間の無査証滞在が可能」となっている。また、国によっては、入国（あるいは査証取得）の際、所持しているパスポートに一定の残存期間がない場合や出入国スタンプを押すための査証欄頁の残りが少ない場合、入国（あるいは査証の発給）が拒否されることもある。パスポートの残存有効期間が 1 年未満となった人、査証欄に余白がなくなった人は、早めにパスポートを更新（切替発給）すること。
為替管理	外国為替の管理が厳しい国が増えている。日本も含めこれらの国では一定額以上の現金や有価証券類を携行して出入国する場合に税関申告を義務づけているが、こうした規則に違反すると、現金などを没収される。また、現地通貨から外貨に換金できる額に制限を設けている国もある。詳細については、日本の税関や各国の駐日大使館等に確認すること。
通関・検疫	全ての国で、麻薬類や銃器などの武器類の持ち込み、持ち出しが禁止されている。また、防疫対策のため多くの国で動物（食肉や魚を含む）や植物の持ち込みや持ち出しを規制している。その他、貴金属やパソコン、ビデオ、カメラ、ドローンなどの電気機器、楽器などの持ち込みに申告が必要な国があり、この場合、正確に申告を行い、税関から渡される受領証を出国まで大切に保管する必要がある。

医薬品の持ち込み	海外旅行する際に目安となる医薬品の量としては、本人が個人使用で必要な量以上（または以下）に持ち込まないよう注意が必要。常用している薬を持ち込む必要がある場合は、旅行中に健康を維持するために必要であるという担当医からの診断書と処方箋を用意し、また、それらの書類が日本語で書かれている場合、翻訳した人の署名を記入した英訳文を携行し、入国地（渡航先）の税関に医薬品とともに提示する必要がある。また、医薬品によっては、日本から持ち出すことや日本に持ち込むことに事前に手続きが必要な場合がある。持ち込み可能な医薬品、量等の詳細については、厚生労働省のホームページを参照、又は各国の駐日大使館に問い合わせること。
肉製品の日本への持ち込み	多くの国で口蹄疫やアフリカ豚コレラなどの畜産に大きな被害を与える家畜の伝染性疾病が発生している。これらの発生国からの肉製品や動物由来製品は、お土産や個人消費用として空港の免税店において販売している生ハムやソーセージ、ビーフジャーキー等であっても、日本へ持ち込むことは禁止されている。非発生国からの持ち込みについても、検査証明書の添付がない場合、日本へ持ち込むことができない。農林水産省動物検疫所では、肉製品の違法な持ち込みへの対応を厳格化しており、輸入検査を受けずに肉製品を持ち込んだ場合は、家畜伝染病予防法 により、3 年以下の懲役（令和 7 年 6 月以降は拘禁刑）又は 300 万円以下の罰金が科せられる。

（4）入国後の留意事項

日本では当たり前の行動が外国では規制される場合があります。

注意項目	内容
写真撮影	国防上の理由から、国境施設、軍事施設、空港、港湾などの重要施設の写真撮影を禁止している国がある。この他、公共施設や美術館などの撮影にあらかじめ許可が必要な国もある。うっかり禁止対象となっているものを撮影したために、カメラを没収されたり、警察に拘束されたケースも発生している。
風俗・習慣	宗教が社会全般に渡り大きな役割を占めている国は少なくない。そのような国では、宗教を侮辱したりするような行為は厳しく罰せられることになるので、特に注意が必要。また、服装に注意が必要な国もたくさんあるので、宗教施設を訪問する際には、過度に肌を露出する服装は避けるなど、その宗教に敬意を示す態度を心がけること。宗教以外の風習においても、注意が必要。たとえば、「子供を駐車場の車に待たせて買い物をしていたら、幼児虐待で警察に通報された」、「人前で相手を怒ったところ、考えられないような恨みをかってしまった」などがある。

　そのほか、ボディランゲージにも注意を払う必要があります。次のようなしぐさはタブーとされています。

- ・アメリカ人：人に向かって親指を立てる（セックスを意味し大変失礼）
- ・イギリス人：親指と中指の先でパチンとはじいて鳴らす（軽蔑、冷笑などを意味する）
- ・ブラジル人：親指と人差し指で輪を作る（大変下品な意味になる※ OK サインではない）
- ・インド人：頭は神の宿るところで、子どもでも絶対に触ってはいけない

　国内においても留学生との対話などの機会もあると思います。そうしたときにも気をつけましょう。そして、訪問する国や地域に敬意を払い、正確な情報を入手したうえで出発してください。

　しかし、どんなに準備をしても交通事故や事件に巻き込まれないとは限りません。健康に自信があっても、日本と違う環境でのストレスや疲労により、思いがけない病気にかかる可能性もあります。海外で入院・手術などが必要となった場合には、日本の健康保険を利用できず、医療費が非常に高額になることが多いことも認識しておく必要があります。また、医療施設・水準が十分でない国では、国外への緊急移送が必要とされ、数千万円に

第2部　就職活動から卒業までに遭遇しそうな危険・トラブル　141

及ぶ高額な費用が発生する場合もあります。このため、海外旅行保険に必ず加入し、家族にも補償等の内容を伝えておくようにしましょう。

　それでは旅行などを検討している国や地域において留意すべき法律・習慣などについて調べてみましょう。

演習4　**旅行を検討している国や地域の法律・習慣を調べる**

訪問予定先	その国や地域独自の法律・習慣

5　よくあるトラブルから学ぶ

　外務省がまとめている「海外邦人援護統計（2024年4月）」（海外にある日本国大使館・総領事館が対応した日本人の事件・事故についての統計）によると、日本人が巻き込まれたトラブルの中で群を抜いて多いのが、窃盗、強盗、詐欺などの財産を狙った犯罪による被害で、1,000件を超えています（2022年）。なお、同統計によれば、世界各地の日本国大使館・統領事館に援護を求めた件数はおよそ14,000件あります（2022年）。ここでは、ほんの少しの油断が命取りになってしまった「窃盗」の例、甘い言葉や親切心につけ込んでくる「詐欺」の例、武器によって命を脅かす凶悪犯罪にもなりかねない「強盗」の例を紹介します。

（1）スリ

場所	ケース
路上	ソフトクリームを食べながら歩いてきた人がぶつかってきて、服にクリームがついた。その人は親切そうにふき取ってくれたが、後で気がつくとポケットから財布がすられていた ※服につけられるのは、他にも、ペンキ、ケチャップ、マスタードなどがある。その他の手口として、道に迷っているふりをして、こちらが地図を広げている間にスリを行う手口もある
乗り物	バスや電車・列車の車内で集団に取り囲まれて、車体が揺れたり、乗客が乗り降りするたびにもみくちゃになり、後で気がついたら財布をすられていた
ショッピング	エスカレーターの降り口で、前に立っている人がつまずいたので自分も立ち止まると、すぐ後ろに立っていた人とぶつかった。後で気がつくと財布がすられていた（2人ペアでのスリ）

＜対策＞

・バッグや上着、ズボンのポケットなどはスリに狙われやすいので注意する。特にリュックや上着の外ポケット、ズボンのお尻のポケットには財布や貴重品などを入れないこと

・財布や貴重品などの入っているところを常に意識して、乗物やデパートなど人混みの中で、体が不自然に押されたり触られたりしたときは、すぐに所持品を確認すること

（2）置き引き

場所	ケース
空港、ホテルのロビーなど	・空港の到着ロビーで、チェックイン時に預けたスーツケースをターンテーブルに取りに行っている間に、カートに置いたカバンを置き引きされた ・到着時、迎えに来た人と挨拶をしている間に、足元に置いたカバンを置き引きされた ・ホテルのフロントでチェックインの手続をしているときに、足元に置いたカバンを置き引きされた ・出発時のセキュリティチェックで、ボディチェックを受けている間に、カバンを置き引きされた
レストラン	・ビュッフェ（バイキング）形式のレストランで、席取りのためテーブルにカバンを置いて料理を取りに行っている間に、カバンが置き引きされた ・椅子にショルダーバッグを掛けて食事をしていたら置き引きされた ・ジャケットを椅子に掛けて食事をしていたら、ジャケットの内ポケットに入れていた財布を抜かれた ・スマートフォンをテーブルの上に置いたまま食事をしていたら、いつの間にか無くなっていた
話しかけられているとき	列車に乗って出発を待っているとき、ホームにいる人が窓ガラスを叩いてきたのでそちらに注意を向けたところ、列車内にいた仲間に自分の脇に置いたカバンを置き引きされた

＜対策＞

・カバンは常に手から離さず、やむを得ず手を離しても体に触れるように置くこと。両足の間に置いても、足に触れていなければ盗まれてもわからない
・食事中はカバンが自分の体に密着するように置くこと。食事や話に夢中になっても置き引きされることがないようにカバンの置き方を工夫する。また、ジャケットを脱いで椅子に掛ける際には、内ポケットに貴重品を入れないこと
・高級とされているホテルのレストランでも決して油断できない。こうした場所は、富裕層の客が多いため、むしろ犯罪のターゲットとなる傾向がある

（3）ひったくり

場所	ケース
路上	道を歩いているとき、肩に掛けていたカメラ入りのバッグをオートバイに乗った2人組に追い越しざまにひったくられた
地下鉄やバスのドア付近	地下鉄の車内でドアのそばに立っていたら、ドアが閉まる瞬間、隣に座っていた人がカバンをひったくりそのまま電車を降りていってしまった。すぐにドアが閉まったので何もできなかった

＜対策＞

・道を歩くときはなるべく車道側を避け、荷物は車道側の手に持たないようにする。オートバイや車を使ったひったくりは、多くの場合背後から襲ってくるので、荷物はしっかりと体の前方に置くこと。なお、万一被害にあった場合、引きずられると

第 2 部　就職活動から卒業までに遭遇しそうな危険・トラブル　143

危険。抵抗しないで、荷物から手を離すこと

・ドア付近に立ったり座ったりするのは、なるべく控える。混雑等でドア近くしかスペースのない場合には、安易にひったくられないよう持ち物をしっかりと持つこと

(4) その他の窃盗の手口

場所	ケース
ホテル	・ホテルにチェックインして部屋に入るとすぐにドアをノックされた。ホテルの従業員と思い、何気なくドアを開けたところ、強引に部屋に押し入られ、金品を強奪された ・部屋に入ろうとドアに鍵を差し込んだとき、後ろを歩いていた人にいきなり羽交い締めにされ、そのまま部屋に押し込まれ、金品を強奪された ・防犯チェーンを掛けずに就寝したところ、ホテル従業員が合鍵を使い部屋に侵入してきた ・スーツケースにパスポート・現金などを入れて鍵を掛け、部屋に置いたまま外出したところ、泥棒に入られ、スーツケースの鍵が壊され金品が盗まれた
エレベーター	エレベーターは短時間でも密室状態になるため注意が必要。エレベーターの扉が開く間際にひったくりに遭いそのまま逃走される、あるいはナイフなどで脅され金品を強奪される危険性もある

<対策>

・部屋のドアには必ず防犯チェーンを掛け、ノックされたらチェーンを付けたまま相手を確認する。ホテルの従業員や水道・電気の修理人に見えても、頼んだ覚えがなければ必ずフロントに確認すること

・強盗に遭った場合には、身の安全のために決して抵抗しないこと

・貴重品は部屋に置かず、必ずホテルの貴重品入れ（セーフティボックス）に預けること。ただし、ホテル側の安全体制に疑問がある場合は個人で管理する必要がある。また、部屋にある金庫式の貴重品入れの場合、ホテル側がスペアの鍵の管理をしているため、必ずしも安全とはいいきれない

・エレベーターを利用する際は、同乗者に注意し、逃げ道をブロックされる奥ではなく扉の近くに乗ること

　窃盗、強盗などに関して、いくつかの手口を見てきました。こうした手口を知っていれば、万一そのような場面に遭遇しても警戒心をもって対処できます。つまり、事前の情報収集が自分の身を守ることにつながるわけです。

リスク回避、トラブル解決のためのノウハウ 💡

・「自分の身は自分で守る」という意識をしっかりと定着させる。

・日本での当たり前が、外国でも通用するとは限らない。

・よくあるトラブルのケースを学んでおき、そうしたことに遭遇したときの具体的な対応策を身に付けておく。

・渡航先が決まったら、その国や地域の治安、宗教、習慣、医療体制など、しっかり

と情報収集を行うこと。また、保険にも加入し、トラブルに見舞われても、最小限
度の被害に抑えられるようにしておくこと。

▶ **参考文献**

三菱総合研究所・全国大学生活協同組合連合会（2011）『大学生がダマされる50の危険』青春
　出版社。

外務省『海外安全　虎の巻』（https://www.anzen.mofa.go.jp/pamph/pdf/toranomaki.pdf）。

--- Column 9 ---

若者の特権

　学生時代の渡航経験はほんとうに有意義なものとなります。異なる文化・習慣から
受ける刺激はその後の人間形成に多くの影響を与えるかげがえのないものです。

　わたし自身も、学生時代に見たグランドキャニオンの雄大さ、ニューヨークでの多
国籍な人種の交差など、いまでもその映像が蘇ってきます。また、はじめてロサンゼ
ルスに降り立ったときの興奮はいまでも覚えています。しかし、数年前、ニューヨー
クに着いたときには、残念ながら学生時代と同じような感動はありませんでした。年
を重ね、経験や知識は積み重ねてまいりましたが、それと同時に感動などの気持ちは
希薄になっていくようです。年齢とともに、得るものもあれば失うものもあるという
ことです。

　学生時代は旅行・留学以外にも、アルバイト、サークル、ボランティア活動など、
はじめての経験が続くことと思います。そして、経験を通して感動・興奮できること
が若者の特権でもあります。経験にはリスク、トラブルも付き物ですが、想定できる
リスク等を事前に考えたうえで、さまざまな挑戦を試みてください。

Chapter 10

多様性と法律

多様性から生じる課題とどう向き合うか

　「法律を学んでいるのに、なんで多様性が出てくるんですか」こうした声が聞こえてきそうです。リスク回避、トラブル対策といったこととも関連性は見えてきません。確かに多様性とは、さまざまな社会、民族的背景、異なる性別、性的指向など、それぞれの人々が持つ多種多様なバックグラウンドのことです。「さまざまなマイノリティを認める」「あらゆる価値・思想を尊重する」ということです。その意味では法律との関連性はなさそうです。しかし、多様性を認めるほど、お互いがぶつかり合うことにもなります。このように考えると、法律との関連性が見えてきたでしょうか。こうした多様性によるお互いの衝突に対して、法律はどのように対応していけばよいのでしょうか。多様性を認めるため、2023年にはLGBT理解促進法（性的指向及びジェンダーアイデンティティの多様性に関する国民の理解の増進に関する法律）が成立・施行されるなど、新たな法律も制定されています。そして、多様性を認めたり、その利害や価値観の衝突を調整することも法律の役割といえます。

　多様性の尊重という考え方は、確実にわたしたちの生活を豊かな方向に導いてくれます。しかし、お互いを尊重するにはときに自分が譲ったり、相手と折り合ったりと、相互の歩み寄り、協力も求められます。大人として多様性を認めるため、相手に対しての配慮、全体最適からの検討など、まさに多角的視点からの問題解決が求められます。

この章の到達目標

- □ 多様性によるお互いの価値観、利害等をどのように調整するかを考えることができる。
- □ 多様性の尊重と公共性、公共の福祉、お互いの利害の調整等に、どのように法律が関われるかを考えることができる。

知っておきたい関連法規

- ・憲法14条（法の下の平等）

1　学びのためのウォーミングアップ

　たとえば、改正育児・介護休業法では、2022年10月より、「産後パパ育休」などが創設されました。そして、政府のはたらきかけもあり、「イクメン」などと称され、しだい

に男性の育児休暇取得も拡大しつつあります。つまり、男性の育休義務化への動きは育児休暇を取得したい男性にとっては追い風となりそうですが、反対にいえば取得義務化の必要性があるほど、男性が育児休暇を取得することは難しい社会であるともいえます。また、雇用者側の立場であれば、その休暇分だけ労働力が奪われることにもなります。

　このような問題では、立場・年齢等による価値観の相違が色濃く出てきます。法律にはお互いの相反する利害を調整するという役割もあります。こうした法律の役割を果たしながら、多様性を認めるには、どのような策があるのでしょうか。

　さて、これまでの経験のなかで、友だち同士、アルバイト先などでの意見の対立、利害の衝突などを思い出してみてください。授業内でのグループ討議でお互いの主張が真っ向から対立し妥協点を見つけられなかった、部・サークル活動にて練習量などでの対立があったなど、どのようなことでも構いません。

演習1 ▶ これまでの人生のなかでの価値観等の違いによる対立

対立したこと（内容）	その結果（どのように解決したのか）

　たとえば、先の部・サークル活動の例では、多様性を認め合うなら、それぞれの希望に合わせた練習プログラムを作成し、個人ごとに練習量を変えるといった方法がとれそうです。確かにこれで問題解決といえそうですが、果たしてそうでしょうか。チームとしての一体感、協力などの絆はどうしても希薄になってしまいそうです。多様性を認め合うというのは、必要なことです。また、このことに関して異論を唱える人はいないでしょう。しかし、多様性を認めることには犠牲も伴うのです。

2 ▶ 多様性から生じる課題

　わたしたちは全員が異なる存在です。同じ人などいませんし、だからこそ、一人ひとりが尊い存在だともいえます。性別、年齢、国籍、民族、出自、職業、地位、収入、知能、体力、学歴、容姿、性格など、さまざまな違いがあります。それは生まれながら決められているものもあれば、社会によって作られたものもあります。つまり、共同体で生きることとは、このような違いを受け入れることであるともいえます。わたしたちは、違いを認識し、軋轢や葛藤などを感じながらも、違いを受け入れ、職場、地域などの組織での仕事を前に進めようと努力しています。それはときにストレス、苛立ちなども伴うことでしょう。

また、価値観の多様化も見過ごせません。就業観（働き方）、結婚観、家族観など、さまざまな場面にて多様化が拡大しています。正規雇用以外の働き方、結婚せずに独身を通すなど、かつてのように、平均的なライフスタイルというものは崩壊しつつあります。そして、現在は多様性が尊重され、自分でよいと思うことを自由に選択できます。まさに自己決定が尊重される時代ともいえます。こうした時代には、新たな価値観と旧来の価値観が対峙することもあるでしょう。つまり、さまざまな人間関係上のトラブルが生じる可能性が高まっているということです。こうした背景もあって本テキストでも、多様性に関するトラブル等を扱っているわけです。

たとえば、かつての職場には先輩より早く帰りにくい雰囲気がありました。いまでもそうした風土は一部残っていると思いますが、先輩よりも早く帰ってはいけないという「模範解答」があったわけです。あるいは、何か作業をしたら後片づけは女性が中心に行うという「模範解答」もありました。つまり、模範解答に沿った行動をとっていれば、批難されたり、注意されたりすることはなかったわけです。しかし、多様性が尊重されるようになり、「この考え方はおかしい」「この習慣は変えるべきだ」といった声が随所であがりはじめたわけです。そして、多様性を尊重しようとすると、次のような新たな課題が生じてきたわけです。

- 平均的なライフスタイル、これまでの慣習を模範解答とする世代と多様性を当然視する世代との対峙
- 組織・チーム等の全体最適を踏まえた判断・選択ができる思考力の育成
- お互いの許容力の向上（許しあえる人間関係の形成）

従来の思考・習慣から逸脱した行動をとると、「彼は尖っている」などと陰口を囁かれたりもします。わたしたちは、平均的な思考・行動に慣らされている傾向にあり、多様性といわれてもなかなか自分の意思や判断に基づいた行動をとることが難しいという実態もあります。

さて、次のようなケースに遭遇したら、どのようにして問題を解決していきますか。自分で解答したら、友だち同士でも意見交換してみてください。

演習 2　多様性から生じる課題を解決する

ケース	職場にはコーヒーメーカーが用意されており、自由にコーヒーを飲めるようになっていた。しかし、コーヒーがなくなると、自分たちでペーパーフィルターをセットし水を汲んでこなければならない。こうしたことは暗黙的に女性の仕事であった。しかし、女性のなかには、これをおかしい、男性もやるべきだという意見といままでどおり女性がやればいいという意見が対立していた。
あなたの判断	

判断の根拠	
あなたの判断を遂行する手順	

　いままで当然のように行われていたことに、おかしいと異論を唱えることは勇気も要ることです。そして、ただ単におかしいでは誰にも聞き入れてもらえませんから、確かな根拠をもとに説明していかなければなりません。**勇気、確かな根拠、簡潔な説明力、それを遂行する主体性と実行力**などが求められるわけです。こうしたことが面倒で、従来どおりのやり方を踏襲してしまうケースも多いと思います。

　世代や立場による価値観の違い、個人の価値観と組織との折り合い、メンバー同士の許容などがないと、多様性を認めあっていくことは難しいでしょう。多様性とはそれぞれの組織メンバーが根気よく話し合っていく覚悟が求められるのです。

③ 多様性に関する話し合いにあたっての留意点

　多様性を認め、お互いが折り合うためには、話し合いが必要です。自分の意見を主張することはもちろん必要ですが、そのときに大切なことはあくまで自分の意見の正当性を主張するということです。こうした話し合いになると、相手を打ち負かすことが目的になってしまうことがあります。目的はお互いに共通のはずで、最適な組織づくり、公平な仕事分担などのはずです。しかし、価値観が異なる相手との話し合いになると、どうしても感情が先立ってしまい、なんとか相手を打ち負かそうとなりがちです。こうしたことがないよう、注意が必要です。

　最近、「マウントをとる」なんてことばをしばしば耳にします。自分が他者よりもなにか優れていることをもって周囲に自分が優位であると示すことで、他人を落とし自分のプライドや承認欲求を満たす言動です。価値観の異なる相手との話し合いは、自分が相手よりも優れているということを示す場ではありません。自分の優位ではなく、自分の意見の有効性を示すことが求められます。しかし、SNS上には購入したブランド商品、タワーマンションでの優雅な生活など、豪華さを競う写真が溢れています。それらをお互いにス

マートフォンなどでチェックして、「いいね」などと反応する。こうしたことで「自分は皆とは違う」ということも実感し、周囲にも「違う」ということを印象づけられるわけです。しかし、他者と比べ自分のプライドを満たすことに重点がおかれてしまえば、多様性を尊重した組織は形成されません。憲法14条を思い出してください。「すべて国民は、法の下に平等であつて、人種、信条、性別、社会的身分又は門地により、政治的、経済的又は社会的関係において、差別されない。」と規定し、国民の法の下の平等を保障しています。マウントをとろうがとるまいが、わたしたちは平等です。憲法の規定は簡単にいえば、国家が国民に対して、守るべき約束事項です。大日本帝国憲法では保障されていなかった女性の参政権などが認められました。わたしたちは現行憲法により、平等を保障されたわけです。そうしたなかで、国民同士が、相手を否定し、マウントをとるということにどれほどの意味があるのでしょうか。

　残念ながら、どれだけ他者にマウントをとっても、そのことに優越感を持ち他者を見下した態度をとっているようでは、他者を受け入れるなんてことはできません。したがって、「多様性を認める」といっても、それはスローガンで終わってしまい、組織や仕事での変化は見られないということになってしまいます。

　さて、ここで自問自答してみましょう。皆さんは、人と比べてマウントをとることに優越感を感じるタイプでしょうか。それとも、自分の信念のもと、他者にも誠実に接しているほうでしょうか。

演習3　**自分を振り返る**

　他人と比べたり、マウントをとることにエネルギーを投下すれば、自分らしさを失ったり、自分の目標への到達を遅らせることにもなりかねません。たとえば、マウントをとるような言動があれば、その瞬間は優越感に満たされるかもしれませんが、周囲にもその言動を見られているということです。つまり、その瞬間の優越感と引き換えに、人望を失っているともいえます。

　このテキストで学習している皆さんは、おそらく10代、20代の人が多いと思います。大人でもマウントをとり、優越感に満足している人もいます。しかし、人と比べる幸せではなく、自分の幸せな状態を自分で見つけてください。全員がそれぞれ長所・短所をもっているわけです。そうであるなら、自分の長所・短所を踏まえつつ、自分の幸せを見つけてください。比べるのは、「他人」ではなく、「過去の自分」です。過去の自分と比べて、どの程度成長できたのかを振り返るほうがより建設的な生き方といえそうです。京都薬科

大学准教授の坂本尚志先生は、著書のかなで、『世界幸福度報告』を引用し、日本とフランスの幸福度について触れています。失業率、殺人発生率、交通事故発生率など、日本のほうがデータのうえでは優れているのに、フランスのほうが幸福度は高いのですが、その理由についてフランス人は高校で哲学を学び、幸福について考える機会があり、『フランス人にとって、「幸福」は「感じる」ものであると同時に「考える」もの』だと指摘されています[※]。つまり、考えないと幸せにはなれないということです。

　多様性とは、すべての人の違いを認め、受け入れて、他者と共存していく方法を見つけていくことです。違いを認めることはできても、受け入れたり、共存したりすることには、さらにハードルがあります。認めるだけなら、頭の整理だけで済みます。しかし、受け入れて、共存するには、自分自身の考え方や行動を変えていく必要があります。そうしたときに考えてほしいことは、**「他者理解」**の視点です。相手はなぜそのような主張をするのか、その背景にはどのような価値観があり、それはどのようにして形成されていったのか。こうしたことを時代背景、環境などをもとに推測していかなければなりません。お互いの価値観の違いに関連して話し合いが必要なときには、「他者理解」の視点を忘れないでください。

4 ▶ 違いを乗り越える

　多様性とは幅広く性質の異なる群が存在することともいえます。人はそれぞれ自分の経験や環境などに基づいて価値観が形成されていきますから、結果としてさまざまな考え方が生まれることになります。そして、それぞれの人が自分の考え方が正しいと思っているわけです。たとえば、職場であまり残業をしないで早く帰りプライベートを大切にしたい人、仕事の好き嫌いが激しい人などもいるでしょう。そういう人とも対話を重ねながら、仕事を前に進めていかなければなりません。

　ここでは自分自身が差別・偏見に巻き込まれたときのことを想像してみましょう。貧富の差、能力の有無など、自分の努力ではどうにもできないことで他人から差別を受けたり、仲間はずれにされたら、どのように思いますか。

演習4 　**差別や偏見を受けたときの気持ち**

個人的な気持ち

　差別、偏見を受ければ、誰しも嫌な気持ちになります。そして、どうしてそんな扱いを

※坂本尚志（2019）『バカロレア幸福論』星海社、PP.3-7。

受けなければならないのかと思うことでしょう。しかし、わたしたちには、「マウントをとる」といった行動があるように、他者との優位性をもって自分の承認欲求を満たしたり、自分と違うことをもって差別するといった行為をとってしまうことがあります。これは無意識のうちに行っていることもあります。したがって、常に自分で自分の言動に差別、偏見がないか、言動を振り返りセルフチェックしていかなければならないのです。それくらい、人間とは不完全なものなのです。

また、こうした個人の努力だけでは克服できない問題もあります。たとえば、社員食堂での対応などがあげられます。宗教的教義により、宗教によっては食べられないものがあります。また、礼拝の時間を設ける必要もあります。宗教別の食事の支度、礼拝場所と時間の確保など、多くの配慮が求められます。多様性を認めるというと、大変すばらしいこととして、異論を唱える人はいないでしょう。そして、社会全体が一人ひとりの生き方を尊重できることは大変重要なことです。しかし、多様性ということと引き換えに、上述のような配慮が求められるわけです。つまり、わたしたちには、いっそうの異文化理解、他者理解が求められることになります。たとえば、イスラム教であれば、ムスリムの人々は、神に食べることを許された食べ物（ハラルフード）を日々食べて生活をしています。野菜や果物、穀物（米・小麦など）・豆類・魚介類・海草類・牛乳・卵などといったものがハラルフードに当たります。牛肉や鶏肉は食べても問題ありませんが、それにはイスラム法に則った食肉処理が施されている必要があります。反対に、禁止されている食べ物としては、豚肉やアルコールが代表的なものです。特に豚肉に関しては厳しく禁じられていて、豚肉そのものはもちろん、豚由来の成分が含まれているものや、豚が含まれた餌を食べた家畜類、豚に触れた食品なども全面的に禁忌となっています。

企業側からすれば、こうした配慮はすべてコストになってしまいます。場合によっては、厨房まで別にして、それぞれの食事を用意しなければなりません。つまり、多様性を受け入れるには、手間とコストがかかるのです。経営余力のある大企業であれば、厨房を拡大したり、LGBTに配慮したトイレ、更衣室なども用意できるでしょう。しかし、中小企業のなかには、こうした体力のない企業もあります。このように個人の努力だけでは乗り越えることが難しい課題も多いのです。現場ではお互いの対立や相手からの要求もあるでしょう。そうしたときにこそ、異文化理解、他者理解をもとにした話し合いが必要です。相手の主張の根拠や背景を丁寧に聞き入れ、折り合えるところを見つけていかなければなりません。

5 多様な価値観を受け入れられるか

たとえば、ビジネスカジュアルは、我が国のビジネスパーソンのなかでも定着したといえそうです。かつてのようにスーツ・ネクタイ姿が当たり前という時代ではありません。

そうすると、どのような服装が適切なのかを、自分で考え、判断しなければなりません。人に合わせる必要もありませんし、自分が働きやすい服装を選べるという点では、大きな進展です。しかし、どの程度のカジュアルが認められるのかは、自分でその職場の風土などから判断していかなければなりません。自由が認められるということは、どの程度まで認められるのかを、自分で考えないといけないということです。一人だけあまりにも自由な装いになってしまえば、それは組織に適応できないという評価を受けることになってしまいます。

　多様性の時代といわれて久しく、多様性を受容する社会へ変化することにより、従来の制度や法律、社会規範との齟齬が生じつつあります。そのため、スピーディな法改正、新たな法律の創設などが求められます。わたしたちは、こうした新たなルールができるまでは、多様性のなかで生きる者として、ルールがなくどうすればいいか悩んだり、お互いに話し合って解決するということも求められます。つまり、それぞれの判断で考えて意見を述べ、問題解決をはかっていかなければならないのです。多様性が認められるということは、一人ひとりの人権保障にあたって大変意義のあることですが、同時に自分たちが主体的に問題解決にあたるという役割を担っていかなければならないのです。

　それでは、身近なケースで多様な価値観の尊重と現状との折り合いの付け方について、考えてみましょう。たとえば、次のような職場でのケースではどのように対応しますか。

演習5　多様な働き方を個性として受け入れられるか

> 職場の終業時刻は 18:00 である。そして、いつも 17:55 になると帰りの支度をはじめ、18:00 ジャストには退勤する社員がいる。終業直前に電話がかかってくることも珍しくなく、残っているメンバーはいつも嫌だなあと思いながらも、電話応対している。確かに残業手当は出るけど、早く帰ったほうがトクだ。なんだかばかばかしくなってきた。そんな愚痴が出るようになってきた。一方、18:00 に退勤してしまう社員はワークライフバランスを大切にしており、仕事が終わると、ジムに通って体を鍛えているらしい。

　さて、皆さんがこの部門に配属されたら、どのような気持ちで就業すると思いますか。そして、こうした価値観の対立をどのようにして解決していったらよいでしょうか。できれば、ここは友だち同士でも話し合ってみてください。

個人的な気持ち

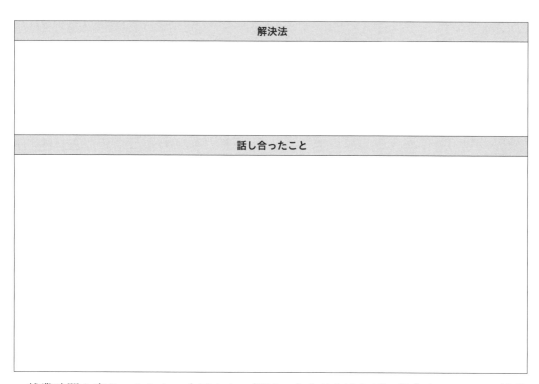

　就業時間を守り、なおかつ上司からの指示・命令がなければ、帰宅することに、法律上、問題はありません。しかし、この状態を放置すれば、人間関係、チームワークの悪化は避けられません。多様性を認めて、一人ひとりの働き方を尊重したら、チームワークの悪化につながってしまった。まさに多様性に潜むリスクです。
　こうした一人ひとりの働き方に関する考え方にまで、法律は介入できません。むしろ部門内で相談のうえ、多様性とチームワークの折り合いをつけていかなければなりません。

6　多様性を認めることができる存在になる

　多様性を推進することで、メンバー同士の関係性も良好になり、風通しのいい風土へと変わることが期待されます。そのためには、次のようなことを理解し、自分自身の考え方を変えていかなければなりません。何かを理解することは比較的容易であっても、考え方を変えたり、習慣づけることほど、難しいことはありません。

(1) 無意識の差別や偏見

　さて、次の項目をチェックしてみてください。

演習6　自己の差別・偏見度のチェック

□所属する組織・団体等では、他人と比べて、その集団での立ち位置を決めようとする傾向がある。

□差別や偏見は仕方のないことで、あまり差別されている立場の人の気持ちを考えることは意味がない。

□「マウントをとりたい」という意識があるからこそ、競争が生まれ、お互いに成長するから、むしろいいことでもある。

□差別や偏見を受けるほうの人に問題があるのだから、それは仕方ないことである。

さて、いくつチェックがつきましたか。差別・偏見といったことを完全に除去することは難しいと思われます。しかし、こうした意識を減らす努力は必要です。

わたしたちには、何らかの偏見や先入観があります。教育を受け、得ることもあるわけですが、それと引き換えに、いろいろなモノの見方を学び、無意識のうちに、フィルターをかけてモノを見てしまうわけです。イギリスの哲学者フランシス・ベーコンは、人間がおちいる思い込みを4つのイドラとして掲げました。個人的な思い込み、偉い人がいうことだからと信じ込んでしまうなど、わたしたちには、無意識の先入観や偏見もあります。したがって、まず自分にも差別や偏見などがあるという前提で、どのような見方の特徴があるのかを正しく理解しておかなければなりません。つまり、**多様性のスタートは自己理解**からです。こうしたことを行っていないと、無意識の差別や偏見（アンコンシャスバイアス）が生まれてしまいます。「外国人は自己主張が激しいよね」「後輩には敬語を使う必要はない」「いい大学（偏差値の高い）に行ってるから優秀だ」など、あまり根拠もない思い込みが自分の思考を支配してしまいます。こうした思考を全部否定する必要もありませんが、①ほんとうにそれが正しいことなのか、②傷ついたり我慢したりしている人がいないかを自分で考えていかなければなりません。

(2) 価値観の違いによる対立

多様な価値観を持つ人々が共存するということは、刺激を受けたり、新たな気づきもあります。そうした人々との議論は非常に有意義です。しかし、価値観が違うなかで、お互いに主張しあえば、軋轢、対立が生まれ、ストレスとなって、全体の雰囲気をわるくすることにもなりかねません。こうしたときに大切なことは、徹底した他者理解です。

たとえば、しばしば賛否が分かれるケースとして、職場での飲み会があります。「就業後まで付き合いたくない」「親睦を深め、仕事を円滑に進められるから適度な懇親会は必要」などと、年齢、立場などにより考え方が大きく対立することがあります。こうした価値観の相違には、正解があるわけではありませんから、上司の判断で決められることも多いと思います。こうしたときに大切なことは、**「他者理解」**です。飲み会におけるそれぞれの気持ちを想像してみましょう。また、ここも友だち同士で話し合ってみましょう。

第2部　就職活動から卒業までに遭遇しそうな危険・トラブル　155

演習7　双方の真意を想像する

個人的な気持ち	
参加したい人の気持ち	参加したくない人の気持ち

話し合ったこと

　こうしたことを考えるとき、お互いに相手の生きてきた歴史的背景を探ることが重要です。形成された価値観は生きてきた史実の集積だからです。たとえば、飲み会に参加したいという人は、一定の年齢の方々が多いと思います。つまり、自分も若い頃、飲み会等で親交を深め、仕事にもよい影響を与えたという事実が、自分の意見の裏付けになっているわけです。しかし、こうした習慣がなくなってから入社された人にとっては、いったい飲み会が何の役に立つのかがわからないという気持ちだと思います。

　このように他者理解とは、相手の生きざま、歴史的背景を理解することにほかなりません。こうしたことをお互いに行って、歩み寄れるところを決めればいいのです。飲み会のケースであれば、2時間以内と決める、業務のことは話題にしない、2次会参加を無理強いしないなど、お互いが歩み寄ってルールを決めることも可能でしょう。

　孔子は人格的に優れていることを「仁」といいました。人格者といってもいいでしょう。知識、思考、感情、性格などを統合した個人のあり方が人格です。この本の読者の皆さんは10代、20代の人が大半でしょう。そして、学生の皆さんは企業や官公庁などに就職される人が多いことでしょう。新入社員のうちは覚えることで精いっぱいかもしれません。しかし、数年経てば、リーダー、管理職となるわけです。そのとき、マウントをと

るような言動があれば信頼を失います。役職ではなく、個人として人望を得られるように
なってください。

7 リスク、トラブルとの関連性

　最後にリスクやトラブルとの関連性を見ていきます。差別や偏見があると、どのような
リスク、トラブルが想定されるでしょうか。

　本 Chapter 第 3 節にて、マウントをとるような言動があれば、それは結果的に人望を失
う行為であると指摘しました。自分の将来の可能性を狭めるリスクともいえます。たとえ
ば、管理職に推薦しようと思っていた人物から、マウントをとるような言動が見られれ
ば、やはり周囲からの人望は得られませんから、管理職には不適と評価されてしまうこと
でしょう。それは将来のキャリア形成の可能性を狭めるというリスクになります。

　また、マウントをとるような言動が続けば、集団をかき回す存在として、周囲との言い
争いなどのトラブルにも発展することでしょう。

　これらから次のようなことがいえます。

・自分の言動は見られていて、関係者ばかりか、周囲の人にも見られ評価されている
・他者への差別・偏見は他者にばかり視点がいき、自己理解、自己成長を停滞させる
・他者の性格・思考性などのいいところを見つけていかないと、自分自身が改善、成
　長する機会を失うことになる

　マウントをとりその瞬間は、勝利を得たのかもしれません。しかし、それと引き換え
に、これらのような損失もあるわけです。人望を失い、自分自身の成長にも影響するな
ら、それはまさにマウントをとることによるリスク、トラブルです。

　さて、最後は本 Chapter を学び気づいたことの整理です。何に気づき、何を改善しよう
と考えたかを整理してみましょう。

演習8　**学びの整理**

気づいたこと

改善すべきこと

　誰かを見下すということは、相手が抱くのは当然ながら不快感、嫌悪感です。こうしたことが火種になりトラブルに発展しないとも限りません。若いとき自分の感情をコントロールすることが難しい時期です。どうか些細なことから、トラブルに巻き込まれないよう、注意してください。そして、お互いが成長できるよう、他者理解、自己理解に努めてください。

リスク回避、トラブル解決のためのノウハウ💡

- ・他人との比較では、その場の優越感を得られても、周囲からの人望を失うということを認識する。
- ・多様性の理解には、「他者理解」「自己理解」と「考える」ということが求められる。

▶ 参考文献

美輪明宏（2002）『ああ正負の法則』パルコ。

石井洋二郎・藤垣裕子（2016）『大人になるためのリベラルアーツ』東京大学出版会。

齋藤孝（2019）『読書する人だけがたどり着ける場所』SB クリエイティブ。

Column 10

「勝ち気」という性格

　スポーツやゲームなどの対戦であれば、相手の弱点を見つけて攻略法を考えたり、自分の強みを生かせる作戦を練って、勝利を目指していかなければなりません。しかし、日常生活や仕事のなかで、他人に対して自分のほうが早く出世したいとか、優位でいたいという思いが強すぎると、マイナスにはたらくこともあります。

　職場で、だれかに負けたくないなどという思いが強いと、仕事の目的やお客さまの存在を見失ってしまい、チームメンバーに勝つことが目的になってしまいます。

　勝ちたいという思いが、自分を触発し、頑張れるわけですから、勝ち気ということは決して否定するものではありません。しかし、その思いがあまりにも強すぎると、その感情が相手に向けられてしまい、良好な関係を築けません。こうした状態ではチームで働くうえでもメンバー同士でトラブルを招きますし、結果として自分にとってはリスクともなります。勝ち気な人はこうしたリスクにも注意して頑張ってください。

【執筆者紹介】

天川勝志（あまかわ かつし）

編者　Chapter 1〜10　　※ Chapter 4、Chapter 5 は共同執筆

聖徳大学 ラーニングデザインセンター准教授、成蹊大学非常勤講師、株式会社ベネッセ i- キャリア講師、亜細亜大学非常勤講師

青山学院大学大学院法学研究科公法専攻博士前期課程修了。1990 年、一般社団法人日本能率協会に入職。20 年に渡り、ビジネスパーソン向けの教材開発、講師の育成等に従事。2011 年、株式会社ナレッジ・ジャパン取締役として、代表の松澤宏一氏とともに、研修事業を展開。同年、株式会社インテリジェンス（現・パーソルキャリア株式会社に入社し、大学生のキャリア教育、就職支援事業に従事。

現在は「接続」をキーワードに、大学から社会への接続、高校から大学への接続など、移行時の円滑な接続、就職活動と自己肯定感との関連などついての支援、研究に取り組んでいる。

主な著書に『Academic Writing −「わたしの思い」をことばで伝える』『Logical Thinking 正しい思考でわたしを活かす』『情報リテラシー データ・情報をもとに考えよう』（いずれも聖徳大学出版会より共著）、『自分で考え自分で描く キャリアデザイン』（同友館、共著）、『あなたと働きたいと言われる 42 のルール』（同友館、単著）などがある。

本井克樹（もとい かつき）

監修者　Chapter 4・Chapter 5

本井総合法律事務所代表弁護士

中央大学法学部法律学科卒業。大手不動産会社法務部、システム開発部等を経て、現在、弁護士（東京弁護士会所属）。中小企業の企業法務や IT 法務に幅広い実績を有するとともに、東京弁護士会弁護士研修センター運営委員会委員長、同紛争解決センター斡旋・仲裁人、同会社法研究部部員、同インターネット法律研究部部長、司法試験考査委員・司法試験予備試験考査委員（商法）等を歴任。中小企業庁の経営革新等支援機関としての認定も受けている。現在は看護学生のための法学テキストの共同執筆等、学生の法教育にも力を注いでいる。

主な著書に『会社法実務マニュアル　設立・解散・清算』（ぎょうせい、単著）、『会社非訟申立ての実務＋申立書式集』（日本加除出版共著）、『インターネットの法的論点と実務対応』（ぎょうせい、共著）、『新・株主総会ガイドライン』（商事法務、共著）、『新・取締役会ガイドライン』（商事法務、共著）、『看護学生　医療系学生のための法学』（医療・介護法務支援ネットワーク、共著）などがある。

2025 年 3 月 25 日　第 1 刷発行　〈検印省略〉

大学生になったら知っておきたい
法律との付き合い方
―自分で考え　自分で守る
トラブル解決・リスク回避の教科書―

著　者	天　川　勝　志	
	本　井　克　樹	
発行者	脇　坂　康　弘	

発行所　　　　株式会社　同 友 館

〒113-0033　東京都文京区本郷2-29-1

TEL：03（3813）3966　FAX：03（3818）2774

URL　https://www.doyukan.co.jp

乱丁・落丁はお取替えいたします。　印刷：三美印刷／製本：松村製本所

ISBN 978-4-496-05751-9　　　　　　　　　　Printed in Japan